人工智能驱动的
英语翻转课堂混合式教学研究

赵 旋 著

哈尔滨出版社

HARBIN PUBLISHING HOUSE

图书在版编目（CIP）数据

人工智能驱动的英语翻转课堂混合式教学研究 / 赵
旋著. —— 哈尔滨：哈尔滨出版社，2025.1
ISBN 978-7-5484-7962-8

Ⅰ.①人… Ⅱ.①赵… Ⅲ.①人工智能－应用－英语
－教学研究 Ⅳ.①H319.3-39

中国国家版本馆CIP数据核字(2024)第110915号

书　　名：人工智能驱动的英语翻转课堂混合式教学研究
RENGONG ZHINENG QUDONG DE YINGYU FANZHUAN KETANG HUNHESHI JIAOXUE YANJIU

作　　者：赵　旋　著
责任编辑：韩金华
封面设计：蓝博设计

出版发行：哈尔滨出版社（Harbin Publishing House）
社　　址：哈尔滨市香坊区泰山路82-9号　　邮编：150090
经　　销：全国新华书店
印　　刷：永清县晔盛亚胶印有限公司
网　　址：www.hrbcbs.com
E-mail：hrbcbs@yeah.net
编辑版权热线：（0451）87900271　87900272
销售热线：（0451）87900201　87900203

开　　本：710mm×1000mm　1/16　印张：11.75　字数：200千字
版　　次：2025年1月第1版
印　　次：2025年1月第1次印刷
书　　号：ISBN 978-7-5484-7962-8
定　　价：68.00元

前 言
Preface

在现代社会中，科技的快速发展和智能化的进步给教育领域带来了许多机遇和挑战。随着人工智能技术的不断创新和应用，教育领域也逐渐开始探索如何利用人工智能驱动的教育模式来提升学生的学习效果和教学质量。

本书旨在探讨人工智能驱动的英语翻转课堂混合式教学模式。通过结合混合式教学和翻转课堂的理念，以及人工智能技术的辅助作用，我们开展一项针对英语教育的创新教学研究。

本书共分为八章。第一章为导论，介绍了研究的背景和意义，并明确了研究的目的和问题等。第二章和第三章分别探讨了混合式教学和翻转课堂在英语教育中的应用及优势和挑战等内容。第四章介绍了人工智能在英语教育中的应用，并探讨了其在英语学习中的辅助作用等。

第五章将设计和实施基于人工智能的英语翻转课堂。第六章将对人工智能驱动的英语翻转课堂混合式教学效果进行评估，并分析讨论实验结果。

第七章将讨论教育变革和可持续发展，并展望人工智能驱动的教育的未来。最后，第八章将总结研究结果，提出对混合式教学的建议，并展望其未来的研究方向。

通过本书，希望能为教育领域的创新教学和教育技术应用提供有益的思路和实践经验，推动教育的发展和进步。相信通过人工智能驱动的英语翻转课堂混合式教学模式的研究和实施，将为学生提供更有效的学习方式，提高他们的英语水平，并促进教师的专业发展及教育的变革。

目录
Contents

第一章　导论

第一节　研究背景和意义

一、研究背景

随着人工智能时代的来临，教育领域正面临着巨大的变革和挑战。在这一时代，人工智能技术的迅速发展不仅改变了我们生活的方方面面，也深刻影响了教育方式和教学模式。教育者们开始认识到，借助人工智能的力量，可以为学生创造更为个性化、灵活和高效的学习环境。

联合国教科文组织（UNESCO）在《教育中的人工智能：可持续发展的机遇和挑战》报告中明确指出，将人工智能引入教育中，实施"人机协同教学"，推动"双师"课堂的融合策略，是面对人工智能技术时代的必然趋势。这一举措旨在通过智能化教育工具和技术，实现教学过程中教师、学生和人工智能系统的三边互动，共同促进学习效果的提升。

近年来，全球范围内的教育学界对人工智能技术在教育领域的应用展开了深入研究。尤其是以人工智能为技术重心的自动化、科技化的智能教育工具，以及能够与现实中的人类教师共同协作的双师协作教学模式，已经在实践中取得了显著成果。这一趋势不仅推动了教育模式的创新，也为学生提供了更多元化、个性化的学习体验。

在这一背景下，本书将深入探讨人工智能技术在教育中的应用，特别关注人工智能驱动的英语翻转课堂混合式教学模式。通过对国际上相关研究成果的综述和实证研究，我们旨在为理解并推动教育领域在人工智能时代的发展提供深入洞察。

二、研究意义

（一）探索新型英语教学模式

本书的核心目标在于深入探讨并重新构思英语教育的教学模式，通过引入人工智能技术，构建一种创新的英语翻转课堂混合式教学模式。此新型模式的设计旨在利用先进的技术手段，尤其是自适应学习系统和智能辅助教学工具，为英语学习提供更为个性化和高效的教育体验。

本书所关注的教学模式具有显著的创新性，通过将翻转课堂与混合式教学相结合，并以人工智能为驱动力，为传统的英语教育注入新的活力。自适应学习系统的引入允许根据学生的个体差异，提供定制化的学习路径，因而满足不同学生的学科需求。同时，智能辅助教学工具则能够以更为交互式和富有趣味性的方式促使学生参与学习，从而激发学生的学习兴趣。

通过重新定义英语教育的教学模式，本书旨在打破传统教学的条条框框，倡导一种更为开放、灵活的教育方式。这一新型模式的设计不仅仅关注知识的灌输，更注重培养学生的独立思考和问题解决能力。学生将不再被动接受信息，而是在课堂上成为知识的创造者和共享者，从而更好地适应未来社会对创新、合作和解决复杂问题的要求。

（二）解决教育资源不均等问题

通过充分运用人工智能技术，本书旨在解决英语教育中存在的教育资源分配不均等的问题。传统教育体系中，教育资源的不平等分配常常表现为教育质量差异、师资力量薄弱等问题，尤其是在经济欠发达地区，这一问题更为突出。在这种情况下，人工智能驱动的教学模式有望成为破解资源不均等难题的有效途径。

通过人工智能技术，我们能够实现对学生学习过程的个性化指导。自适应学习系统可以根据学生的学科水平、学习习惯和兴趣爱好，为每位学生量身定制学习路径，提供有针对性的学习资源。这种个性化的教学方式有助于弥补传统教学中因教育资源不足导致的学科内容单一、教学难度不匹配等问题，使学生能够更好地适应教学内容，提高学习效果。

最后，智能辅助教学工具的引入也为解决资源不均等问题提供了创新的途径。通过这些工具，学生在学习的过程中可以获取到更加全面和优质的学习资源，无论其所处的地理位置或经济水平如何。这意味着，即使在教育资源匮乏的地区，学生也能够享受到与其他地区相当甚至更为丰富的学习资源，从而实现教育的公平与普及。

（三）提升英语教学效果

深入研究人工智能驱动的英语翻转课堂混合式教学模式对提升英语教学效果具有重要意义。通过详细的实证研究，我们能够全面了解这一模式在学生学业成绩、学科能力和综合素养等方面的实际影响，为教育质量的提升提供具体的数据支持。

第一，通过对学生成绩的观察和分析，我们能够深入了解人工智能驱动的教学模式对学术表现的影响。这包括学生在语言技能、阅读理解、口语表达等方面的成绩变化。通过比较传统教学和人工智能驱动教学模式下学生成绩的差异，我们可以客观评估新模式在提高学术水平方面的效果。

第二，关注学科能力的培养，我们可以通过实证研究探讨人工智能驱动的教学模式在培养学生英语综合能力、跨学科思维和问题解决能力等方面的效果。这有助于了解学生在更为开放、互动性更强的教学环境下，是否更容易培养出批判性思维和创新能力等关键学科能力。

第三，通过综合素养的评估，我们能够全面了解人工智能驱动的教学模式对学生综合发展的影响，包括对学生自主学习、团队协作、信息获取和处理等方面的影响。这有助于揭示新模式对培养学生全面素养的贡献，进而为教育质量的提升提供科学依据。

通过深入了解这一模式的实际效果，我们可以为改进教学提供具体的数据支持。在识别模式的优势和不足之处的基础上，我们能够有针对性地调整教学设计和实施，进一步提高英语教学效果。这种基于实证研究的改进方式将有助于优化教学策略，推动英语教育事业的不断提升，为学生提供更为高效和个性化的学习体验。

（四）探索未来教育发展方向

本书聚焦于人工智能在英语教育中的应用，旨在为未来教育领域的创新提供有益的经验和前瞻性思考。通过深入研究人工智能驱动的教学模式，我们能够为未来教育的发展方向提供有价值的参考，推动整个教育体系向着更为科技化、个性化和高效化的方向不断迈进。

首先，人工智能在英语教育中的应用为教学提供了全新的可能性。通过自适应学习系统和智能辅助教学工具，学生能够根据个体差异获得定制化的学习体验。未来教育可以更加注重发挥人工智能在个性化教学方面的潜力，实现因材施教，满足不同学生的学习需求，促进教育的个性化发展。

其次，本书通过探讨翻转课堂混合式教学模式，强调了学生在学习过程中的主动参与和独立思考。未来教育可以借鉴这一模式，促使学生更加积极地参与到教学中，培养他们的自主学习和问题解决能力。这种教育理念的传播和应用，将有助于构建更加开放、互动和参与式的学习环境。

再次，本书关注人工智能的角色扮演，其不仅在辅助教学上发挥作用，还强调了教育者在教学设计和指导中的重要性。未来教育需要培养更多具备教育智能的教育者，使他们能够更好地利用人工智能技术，精心设计教学活动，引导学生进行深度学习，实现教育过程的更高效和精准。

最后，通过本书的实证研究方法，我们可以为未来教育提供科学的数据支持。借助先进的评估工具和数据分析手段，我们可以更加准确地评估新教学模式对学生成绩、学科能力和综合素养等方面的影响。这种数据驱动的教育研究方法，有望成为未来教育发展的有力引擎，推动教育向着更为科学、精准的方向迈进。

第二节　研究目的和问题

一、研究目的的明确

（一）探索人工智能驱动的英语翻转课堂混合式教学模式

本书的核心目标是深入探索人工智能技术在英语教育领域中的创新应用，特别关注于翻转课堂混合式教学模式的实际实践。通过对这一新型教学范式的详细研究，本书旨在为改进教育技术和提高教学效果提供新的思路和充实的实证依据。

第一，本书聚焦于人工智能技术在英语教育中的应用。通过引入自适应学习系统和智能辅助教学工具，书中将研究这些先进技术如何在教学过程中与学生互动，以提供更加个性化和有效的学习体验。这一关注点旨在挖掘人工智能在提升学习效果方面的潜力，为未来教育提供更灵活、智能的教学方式。

第二，本书将深入探讨翻转课堂混合式教学模式的具体实践。通过将课堂内外的学习体验相结合，以学生为中心的学习方式将得到强调。书中将关注课程设计、教学活动的组织及学生参与度的提升，以评估这一教学模式对于英语教育的实际效果。这一关键点的研究旨在为教育者提供有效的教学方法，促进学生更深层次的学习。

第三，本书追求在实践中找到创新的思路。通过设计和实施基于人工智能的英语翻转课堂，书中将关注教育技术创新的实际应用。这不仅包括教学资源的开发，还包括教师在利用人工智能辅助工具时的技能培养。通过在实践中不断尝试和调整，笔者期望为今后教育技术的发展提供创新的经验和具体的指导原则。

（二）评估人工智能驱动教学的效果

研究的目标之一是全面评估人工智能驱动的英语翻转课堂混合式教学模式的效果。通过深入分析实施该模式的教学过程和学习成果，本书旨在验证这一新型教学模式在提升学生学习效果、促进教学创新方面的实际价值。

在评估学生学习效果方面，研究者将关注学术成绩的变化。通过比较实施人工智能驱动的教学模式和传统教学方法的学生成绩，研究者可以全面了解新模式对学生学术成绩的影响。这将通过定量分析学生成绩在不同学科领域的改变趋势，为教育者提供有关人工智能驱动教学对学术表现的具体影响的定量数据支持。

同时，研究者将关注学生的参与度和学习动机。通过收集学生对新型教学模式的反馈，研究者可以深入了解学生在学习过程中的体验和态度的变化。这有助于评估人工智能驱动教学模式对学生学科兴趣、主动参与和学习动机的影响。这方面的研究旨在为教育者提供更为全面的定性数据，以更深入地了解教学模式对学生学习态度的塑造。

最后，研究还将关注教学创新的实际效果。通过分析教师在新模式下的角色、教学方法的变化及教学资源的重新配置，研究者可以评估人工智能驱动的英语翻转课堂混合式教学模式对教学创新的实际促进作用。这将为教育者提供关于如何更好地整合人工智能技术，促进课堂创新的实际经验和指导。

二、研究中的关键问题

（一）如何设计并实施基于人工智能的英语翻转课堂混合式教学

设计并成功实施基于人工智能的英语翻转课堂混合式教学是一项复杂而关键的任务，涉及多个方面的具体操作。以下是一些建议和步骤，以确保该模式的顺利实施：

首先，需要进行细致的课程设计。这包括明确教学目标、课程内容和学生评估标准。在设计中，要充分考虑人工智能技术的应用，明确它在不同教学阶段的作用，确保与英语教学目标相契合。同时，课程设计要考虑到混合式教学的特点，即线上和线下学习的结合，以提供更灵活的学习体验。

其次，选择合适的人工智能技术和工具。这可能包括自适应学习系统、语音识别技术、智能辅助教学工具等，确保这些技术能够有效地支持学生在翻转课堂中的学习活动，并提供个性化的学习体验。同时，需要进行相应的培训，以确保教师能够充分利用这些技术进行教学。

在教学活动安排方面，要设计具有启发性和互动性的学习任务。通过引入人工智能技术，研究者可以为学生提供个性化的学习路径，根据其学习风格和水平进行调整。同时，积极利用线上和线下资源，使学生能够在不同场景中进行学习，并促进他们的自主学习和合作学习能力的培养。

建立实时的学习反馈机制也是关键的一步。通过人工智能技术，研究者可以收集学生在学习过程中的数据，为教师提供及时有效的反馈。这有助于个性化教学和学生学习进度的跟踪，使教师能够更好地调整教学策略，满足学生的学习需求。

在整个实施过程中，研究者需要注重教师和学生的培训。教师需要具备运用人工智能技术的能力，了解如何有效地整合这些技术到教学中。学生则需要获得使用相关工具的培训，以提高其数字素养和自主学习的能力。

（二）人工智能驱动的教学模式是否能够有效解决传统教学模式存在的问题

研究人工智能驱动的教学模式是否能够有效解决传统教学模式存在的问题是当前教育领域的一个关键课题。其中，学习资源的不均衡和教师个别辅导困难等问题一直是困扰传统教学的瓶颈。通过对比实验组和对照组的学习效果，深入评估人工智能驱动模式的实际影响，可为教育改革提供实证支持。

首先，学习资源的不均衡一直是制约学生发展的关键因素。在传统教学模式中，由于地域和学校条件的差异，学生们面临着教育资源分配不均等的问题。人工智能驱动的教学模式通过引入自适应学习系统和智能辅助教学工具，能够根据学生个体差异提供个性化的学习资源。这种个性化教学的特点有望有效解决学习资源不均衡问题，让更多学生能够获得适应其学习需求的教育资源。

其次，传统教学模式下教师个别辅导存在困难，这导致学生因材施教的难度增加。在大班授课的情况下，教师难以关注每位学生的学习进度和需求，个别辅导往往显得有限。人工智能驱动的教学模式通过智能化辅助工具，可以为学生提供个性化的学习路径，根据其学习风格和水平进行调整。同时，实时的学习反馈机制有助于教师更好地了解学生的学习状态，提供有针对性的个别辅导。这对于解决教师个别辅导困难有着积极的促进作用。

通过对比实验组和对照组的学习效果，研究者可以得出人工智能驱动教学模式的实际影响。采用定量和定性的研究方法，收集学生在学习过程中的数据，并通过数据分析工具深入分析，将为评估人工智能驱动模式的有效性提供科学依据。这样的深入研究将有助于全面了解人工智能驱动教学模式是否能够切实解决传统教学模式中的问题，为教育改革提供有益的经验和实证支持。

第三节　研究方法和数据来源

一、方法选择与理由

（一）设计为实证研究

本书采用实证研究方法，以实际数据为基础，旨在通过对实际教学过程和学生学习成果的观察和记录，全面深入地分析人工智能驱动的英语翻转课堂混合式教学的效果。

实证研究方法是一种基于观察和数据收集的科学研究方法，通过对现象进行直接的、系统的观察和测量，以获取客观的、可量化的数据，从而验证或推翻研究假设，这是教育研究中常用的方法之一。

在本书中，研究者将通过实际教学过程的观察，收集相关的教学数据和学生学习数据，包括但不限于学生参与度、学业成绩、学习效果等。这些数据将以定量的方式被分析，以揭示人工智能驱动的教学模式对学生学业表现的实际影响。同时，研究者也将运用定性研究方法，通过教学记录、学生反馈等方式，深入挖掘人工智能驱动教学模式的实际操作和学生体验。

通过对比实验组和对照组的学习效果，研究者将得出对人工智能驱动的英语翻转课堂混合式教学效果的客观评价。通过系统、科学的数据分析，研究者将能够更准确地了解这一新型教学模式在提高学生学习效果、促进教学创新方面的实际价值。

（二）采用实地实验

采用实地实验是本书的核心方法之一，通过在实际教育场景中进行实地实验，旨在更全面地了解人工智能驱动的英语翻转课堂混合式教学在真实教学环境中的运作情况。这一方法有利于研究者深入洞察学生、教师和人工智能系统之间的互动关系，以及教学资源在实际教学中的利用情况。

实地实验的优势在于能够在教育现场直接观察教学过程，捕捉到真实而丰富的数据。通过在课堂环境中实施人工智能驱动的教学模式，研究者可以观察学生如何与人工智能系统互动，探索他们对新型教学模式的接受度和反馈。同时，实地实验还将使研究者有机会观察教师在人工智能支持下的指导方式，以及他们如何调整教学策略以更好地适应学生的个性化需求。

除了学生和教师的互动观察外，实地实验还将聚焦于教学资源的实际利用情况。通过观察教学过程中课程设计的执行情况，研究者可以了解人工智能在提供个性化学习资源方面的效果。这将有助于验证教学设计在实践中的可行性，并为未来的教育实践提供有力的指导。

二、数据收集与分析方法

（一）数据收集方式

1.学生学习数据收集

在本书中，学生学习数据的收集将有多维度的方式，研究者通过在线学习平台、学习记录及作业提交系统来获取详细而全面的学生学习信息。这一数据收集方法旨在深入了解学生在人工智能驱动的英语翻转课堂混合式教学中的学习情况，包括学习时长、任务完成情况及错误分析等关键信息。

一是，通过在线学习平台，研究者能够实时追踪学生的学习活动。学生在平台上的互动、学习进度及参与度等数据将被系统记录下来，为研究者提供了全面的学生学习行为信息。这包括学生在何时、何地及何种方式参与课程，为研究者提供了有关学习时程和学习方式的翔实数据。

二是，学习记录系统将记录学生在课堂中的表现。这包括学生对教学内容的理解程度、知识点的掌握情况及可能出现的困难和疑惑。通过分析学习记录，我们能够获取学生的学科能力发展情况，帮助识别可能需要进一步关注的学科领域。

三是，作业提交系统将提供学生在翻转课堂中完成的作业信息。通过分析作业的完成情况、答案的准确性及可能的错误模式，研究者可以深入了解学生对教学内容的消化程度，从而为教学改进提供有针对性的建议。

2.教学活动观察

在本书中，研究者将通过实地观察和录音录像等多种方式全面记录教学过程，以深入了解教师、学生及人工智能系统之间的互动情况，为评估人工智能驱动的英语翻转课堂混合式教学的效果提供翔实的数据。

第一，实地观察将通过课堂参与、学生反馈等方式记录教学活动的实际情况。观察者将在课堂中密切关注教师的授课方式、学生的参与程度及教学内容的呈现方式。这样的观察有助于研究者了解教学现场的实际运作，捕捉到教学中可能存在的问题和亮点。

第二，通过录音录像方式，研究者将全程记录教学过程中的声音和图像信息。

这不仅包括教师的讲解、学生的提问，还包括人工智能系统的介入情况。通过详细的录音录像分析，研究者能够还原整个教学过程，更好地理解教学中各个环节的互动与影响。

特别关注人工智能系统的介入情况，并记录系统在课堂中的作用，例如智能辅助教学工具的使用、学习资源的推送等。这有助于研究者了解人工智能系统在实际教学中的应用效果，以及它是如何与教师和学生互动的。

3.学生问卷调查

为更全面了解学生对人工智能驱动的教学模式的主观感受和意见，本书将设计一份综合性的学生问卷，以收集详细而深入的反馈信息。这样的问卷将包含多个方面，旨在全面评估学生在这一新型教学模式下的学习体验。

首先，设计一系列问题，涉及学生对于人工智能辅助教学工具的使用感受。这包括工具的易用性、对学科知识的帮助程度及学生是否觉得这些工具能够提高他们的学习效果。通过这些问题，研究者可以获取学生在实际学习过程中对人工智能技术的实际体验。

其次，问卷将关注学生对于教学内容呈现方式的看法。研究者将询问学生对于翻转课堂教学模式的接受程度，以及他们是否觉得这种模式更适合自己的学习风格。这有助于研究者了解学生对于课堂组织结构的态度，以及他们是否认为这种教学方式更符合个体差异。

再次，设计问题应关注学生对于个性化学习体验的感受。通过询问学生是否觉得人工智能驱动的教学模式更能够满足他们个性化的学习需求，以及是否觉得自己在这种模式下更容易获得教师的个别指导，研究者可以获取学生对于个性化教育的态度。

最后，问卷还将包括开放性问题，邀请学生分享他们对于人工智能驱动的英语翻转课堂混合式教学的任何额外观点和建议。通过这些开放性问题，研究者可以获取更为深刻的反馈，这有助于其全面理解学生的观点和期望。

（二）数据分析方法

1.定量数据分析

为深入了解人工智能驱动的英语翻转课堂混合式教学的效果，本书将采用定量数据分析方法，通过统计学方法对学生学习数据进行深入研究，旨在比较实验组与对照组在学科知识水平、学习成绩等方面的差异，以量化人工智能驱动教学的实际效果。

一是，收集包括但不限于学生的学科知识水平、学习成绩、作业完成情况、课堂参与度等多维度的学习数据。这些数据将通过在线学习平台、学习记录和作业提交系统等工具进行收集，确保数据的全面性和客观性。

二是，对收集到的数据进行整理和清洗，以确保数据的质量和准确性。在数据整理阶段，研究者应采用合适的统计学方法，如描述性统计、频率分析等，对数据进行初步的探索性分析，为后续深入研究奠定基础。

三是，利用统计学的差异分析方法，比较实验组和对照组在各个学科知识点上的得分情况。通过分析差异，研究者可以量化人工智能驱动教学模式在学科知识水平方面的影响，判断该模式是否在学科学习上表现得更为优越。

同时，采用相关性分析等方法，研究学生学习成绩与其他变量之间的关系，探索人工智能驱动教学是否对学生成绩有显著的促进作用。

四是，通过建立数学模型，研究者将综合考虑多个因素，如学科知识点掌握情况、学习成绩、课堂参与度等，对实验组和对照组的整体学习效果进行比较。这将有助于全面评估人工智能驱动教学模式的实际效果。

2.定性数据分析

在本书中，研究者将采用定性数据分析方法，对教学活动的观察记录和学生问卷调查结果进行深入挖掘，以全面理解人工智能驱动的英语翻转课堂混合式教学的实际效果。定性数据分析将有助于揭示教学过程中的问题与亮点，为研究结果提供更为深刻的理解和支持。

首先，研究者将通过实地观察和录音录像等方式记录教学过程中教师与学生的互动，以及人工智能系统的介入情况。这些观察记录将包括但不限于教学内容的呈现方式、学生对于教学活动的参与度、教师对于学生问题的解答方式等多个方面。通过对这些细节的观察，研究者能够发现教学过程中可能存在的问题，比如学生是否积极参与、教师是否能够及时有效地指导学生等。

其次，研究者将设计学生问卷，收集学生对于人工智能驱动的教学模式的主观感受和意见。问卷内容将包括但不限于对于教学内容的理解程度、对于教学方式的满意度、对于人工智能系统的认可度等。通过学生的主观反馈，研究者能够获取他们在学习过程中的真实感受，揭示教学模式的实际影响。

在定性数据分析的过程中，研究者将采用内容分析、主题编码等方法，对收集到的信息进行整理和归纳。通过对教学活动中的问题与亮点进行深入分析，研究者能够为实验结果提供更为具体和深刻的解释。这有助于揭示人工智能驱动的教学模式在实际教育场景中的优势和不足之处，为进一步改进和推广该模式提供指导性建议。

第二章　教育技术与混合式教学

第一节　混合式教学的概念与特点

一、混合式教学的由来

（一）传统教学的优劣

传统教学以教师、教材和课堂为中心，通过言语、板书或多媒体等媒介进行教学。它在教学组织管理和教师主导方面具有明显的优势。首先，传统教学有利于教师对教学过程进行组织管理和调控，使教学能够有序进行。教师可以根据学生的学习情况和进度，采取相应的教学策略和方法，确保教学目标的完成。其次，传统教学侧重教师向学生传授知识与技能，能够系统地向学生传递相关的学科知识和技能。通过教师的讲解和演示，学生可以获得系统的学习内容，有助于他们理解和掌握学科知识。此外，传统教学还有利于师生之间的情感交流。教师与学生在课堂上的互动和沟通可以培养学生的积极情感，建立良好的师生关系，培养学生的道德素养和价值观念。

然而，传统教学也存在一些不足之处，这促使我们不断对其进行改革。首先，传统教学忽视了学生的主体地位，缺乏针对学生的个性化教育。在传统教学中，学生被动接受知识的灌输，缺乏主动参与和探索的机会。这限制了学生的自主学习能力和创造能力的培养。其次，传统教学也存在理论与实践脱节的问题。学生往往将所学知识视为抽象概念，难以将其应用于实际生活中解决问题。第三，传统教学依赖于教师的知识水平和能力，限制了学生拓宽视野和知识面的机会。教师的知识有限可能无法涵盖所有领域的专业知识，这使得学生的学习面临一定的局限性。最后，传统教学使用的教学手段相对单一，主要依赖于教师的讲授和书本教材。这不利于教师全面发展自己的教学能力，限制了他们在教学中灵活运用多种教学手段的能力。

需要注意的是，对传统教学的批评并不意味着完全否认其价值和重要性。传统教学作为教育领域的基石具有不可替代的作用，它在组织管理、知识传授和教师与学生关系的建立等方面发挥着重要作用。然而，在面对不断变化的现代社会和教育需求时，我们需要更加灵活和多样化的教学方法和手段，以满足学生的个性化需求，促进学生的全面发展。因此，我们可以借鉴和吸收新兴的教育理念和技术手段，进行教学改革，提高教育质量和教学效果。

（二）网络教学的优劣

网络教学是一种利用计算机和网络通信技术组织的教学模式，它以互联网为媒介，将教学时间和空间分离，使学生能够更加独立地进行学习。网络教学在现代学习理论的指导下得到广泛应用，具有一系列的优势和不足。

首先，网络教学打破了传统教学的时空界限，学生可以随时随地通过网络平台进行学习。这使得学习更加灵活，学生可以根据自己的时间安排进行学习，避免了传统课堂上固定的学习时间限制。此外，网络教学还能够提供丰富多样的学习资源，包括在线教材、视频课程、学习工具等，这为学生提供了更广阔的学习空间和选择，培养了学生的学习兴趣和主动性。

其次，网络教学注重学生的主体地位，强调学生的自主学习和合作学习能力的培养。学生可以根据自己的学习进度和学习风格，自主选择学习内容和学习方法，提高了学生的个性化发展。同时，网络教学倡导学生之间的合作学习，通过组队合作、网络讨论等形式激发学生的思维和创造力，培养了学生的合作精神和探究能力。

然而，网络教学也存在一些不足。一是，网络教学中的师生交流不畅快，无法实现实时互动和面对面的教学互动，这限制了教师与学生之间的良性互动和沟通。二是，网络教学缺乏传统教学中课堂环境所具有的氛围和情感共鸣，学习过程缺乏一定的情感体验，可能影响学生的学习主动性和自我激励。三是，网络教学中缺乏教师的指导和监督，学生容易在学习过程中产生困惑和迷茫。虽然网络教学提供了丰富的学习资源，但对于学生来说，没有教师的引导可能导致学习效果与效率难以保证。

最后，网络教学中的资源纷繁复杂，学生容易受到一些不良信息的干扰，需要学生具备一定的信息辨别能力和自我管理能力。

（三）混合式教学的理论基础

1.建构主义理论

建构主义理论是一种学习理论，它认为知识是动态构建的，学习过程不仅仅是教师向学生传授已有的知识，而是通过教师的辅导和支持，引导学生从自己已有的知识和经验出发，主动地构建新的知识。在建构主义理论的观点中，学生是学习的主体，他们通过与外界环境的互动和经验的积累来建构知识。

建构主义理论强调学习的主动性和个体差异。学习者根据自身的认知结构、经验和观念，主动地解释和理解来自外部的刺激和信息。因此，教师应该为学生创造一个积极的学习环境，提供适宜的情境刺激和支持。教师需要了解学生的情感、态度和兴趣，针对学生的需求和兴趣设计课程和教学资源，以激发学生的兴趣，让他们从内心愿意去探索和学习。

建构主义教学强调以学生为中心，通过设置真实的问题和情境，激发学生的好奇心和求知欲。教师应该给学生提供具有挑战性和现实意义的问题，让学生在解决问题的过程中建构知识。此外，丰富的教学资源对于建构主义教学也很重要，教师应该提供多样化的教学材料和工具，让学生从不同的角度和途径来获取和建构知识。

合作学习也是建构主义教学的重要策略之一。合作学习可以促进学生之间的互动和交流，帮助学生共享知识和经验，共同建构新的知识。通过合作学习，学生可以互相激发思维，共同解决问题，这不仅能够加深对知识的理解，还能够培养学生的合作能力和社会交往能力。

2.人本主义理论

人本主义理论的创始人是马斯洛和罗杰斯。人本主义理论强调个体的自我实现、潜能发展、健康人格的追求及个性化和创造性的成长。它关注个体的主体性和独特性，认为每个人都具有自己的内在动机和力量，通过充分发挥这些因素，个体可以实现最大的发展和成就。

在教育中，人本主义理论强调为学生创造良好的环境，激发他们的创造潜能。教师应该关注学生的个人经验和认知，帮助他们从自己的角度感知和理解世界。通过与学生的互动和支持，教师可以促使学生实现自我价值和成为完整的个体。

人本主义教育在教学模式上提倡以学生为中心，采用开放性和自由性的教学方法。以问题为中心的讨论教学模式鼓励学生通过集体讨论和合作，探索解决问题的思路和策略。开放式课堂教学模式注重学生的主动参与和自主学习，学生可以根据自己的兴趣和需求选择学习内容和方式。自由学习教学模式强调学生根据自己的节奏和兴趣进行学习，教师则扮演导师和指导者的角色，提供必要的支持和指导。

此外，人本主义理论还强调全人教育，关注学生全面的成长和发展。人本主义教育不仅注重学术知识和技能的传授，还注重人性的发展。教师应该关注学生的情感、社交技能、道德价值观等方面的培养，以全面促进学生的健康成长。

3.最优化教学理论

最优化教学理论的提出者是巴班斯基，在他看来最优化是一种有效指导教学、科学组织教学过程的原则。教师结合教学规律、教学原则、教学任务、教学方法、教学特征及教学条件，对教学过程做出科学安排，确保教学过程在规定时间内达到某一标准的最佳效果。在这一理论的指导下，人们希望找到一种教学模式能融合多种教学方法、教学形式、教学媒介、教学资源，能实现教学效果最优化，于是人们开始对传统教学和网络教学反思，希望能有一种教学方法使二者的教学效果都达到最佳。

（四）混合式教学将传统教学与网络教学有机结合

最优化教学理论的奠基人巴班斯基认为，最优化是一项指导教学、科学组织教学过程的有效原则。他强调教师应当结合教学规律、教学原则、教学任务、教学方法、教学特征及教学条件，对教学过程进行科学安排，确保在规定时间内实现最佳效果。这一理论的提出为教育领域带来了新的思路，强调了教学的系统性和科学性。在最优化教学理论的指导下，人们追求一种能够融合多种教学方法、形式、媒介和资源的教学模式，以实现最佳的教学效果。因此，人们开始对传统教学和网络教学进行反思，寻求一种既能充分利用传统教学的优势，又能借助网络教学的便利性的教学方法，以实现教学效果的最优化。

最优化教学理论的核心在于教学的科学性和系统性。教师在设计教学过程时，需要综合考虑多个因素，并根据教学目标制订科学的计划。教学规律、原则、任务及方法等方面的考虑都应该被纳入教学设计的范畴。通过合理组织，教学过程可以在有限的时间内取得最佳的效果。这种理论的提出为教育实践提供了更为明确的指导，有助于提高教学的效益。

在实践中，最优化教学理论推动了对传统教学和网络教学的综合利用。传统教学侧重师生面对面的交流和互动，而网络教学则具有信息传递迅速、跨时空教学的优势。最优化教学模式致力于将这两者的优点结合起来，以取得更好的教学效果。通过科学的教学设计，教师可以更好地引导学生进行独立思考，培养其解决问题的能力。同时，学生在这种模式下更容易保持学习兴趣，提高学习的参与度，从而更好地吸收知识。

最优化教学理论的出现也促使了教育者对教育技术的深入研究。引入先进的技术手段，如自适应学习系统和智能辅助教学工具，有助于实现教学过程的个性化和差异化。这样的技术可以根据学生的学习情况和需求，提供个性化的教学内容和支持，更好地满足学生的学习需求。同时，通过智能辅助教学工具，教师可以更精准地了解学生的学习状态，有针对性地进行指导和反馈。这种技术的应用为最优化教学模式的实现提供了重要的支持（图2-1）。

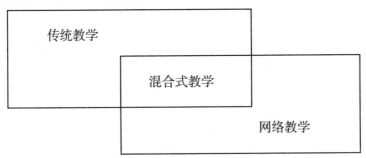

图2-1 混合式教学示意图

二、混合式教学的核心特征

混合式教学是一种融合传统面授教学和在线学习的教学模式，具有以下的核心特征（图2-2）：

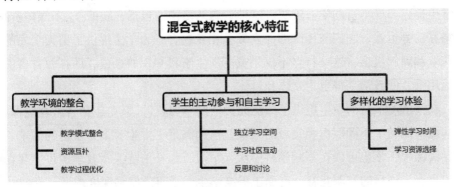

图2-2 混合式教学的核心特征架构图

（一）教学环境的整合

1.教学模式整合

混合式教学的重要特征之一是教学模式的整合，将传统面授教学与在线学习有机地结合起来，构建一个更为全面和灵活的教学环境。这种整合涵盖了多个层面，包括教学内容、教学方法、教学工具和教学平台等方面，为教育者和学生提供了更为丰富的教学手段和学习体验。

在教学内容方面，混合式教学强调将传统面授课程与在线学习资源相融合。通过技术工具和在线平台，教育者可以整合不同形式的教学资源，如在线课程、数字化教材、多媒体资料等，以满足学生对于知识的多样化需求。这种内容的整合不仅拓展了学科知识的广度和深度，也为学生提供了更为灵活的学习途径，有助于激发学生的学科兴趣和主动学习的动力。

教学方法的整合是混合式教学的又一重要特点。教育者在设计教学计划时，可以根据课程的特点和学生的需求，有针对性地选择合适的教学方法。传统面授课堂可以用于互动讨论、问题解答，而在线学习则提供了更多的自主学习机会。这种灵活性使得教育者能够更好地根据学科要求和学生特点，个性化地设计教学过程，从而提高教学的针对性和适应性。

在教学工具和平台方面，混合式教学的整合体现在引入先进的技术工具和在线学习平台上。教育者可以利用自适应学习系统、智能辅助教学工具等技术手段，提供个性化的学习支持。同时，通过在线平台，学生可以随时随地获取教学资源，参与课外讨论，进行学习反思。这种整合为教育者提供了更为便捷和高效的教学手段，也为学生提供了更为灵活和便利的学习途径。

2. 资源互补

混合式教学的资源互补是该教学模式的关键特征之一，其通过在线学习平台为学生提供多样丰富的学习资源。这种资源的多样性包括在线课程、多媒体资料、网络互动等形式，它们与传统的课堂教学相互融合，为学生提供了更为全面的知识获取和理解机会。这一特点不仅拓宽了学生学科知识的渠道，还在教育者的灵活运用下，使教学变得更为立体和具体。

在线学习平台为学生提供了广泛而灵活的学习资源，其中包括各种在线课程。这些课程涵盖了不同层次和领域的知识，从而满足了学生对多元学科的需求。通过在线课程，学生可以在不同学科中深入学习，弥补传统课堂教学中可能存在的知识盲点。这样的资源互补，有助于提高学生的学科广度和深度。

混合式教学的另一重要资源是多媒体资料，如图文、音频和视频等。这些资料通过在线平台呈现，为学生提供了更为直观、生动的学习体验。通过视听的结合，学生更容易理解抽象概念，形成更为深刻的印象。教育者可以灵活运用这些多媒体资料，使得课堂教学更为生动有趣，提高学生的学习积极性。

网络互动也是混合式教学中不可忽视的资源形式。通过在线学习平台，学生能够参与到网络互动的学习环境中，进行讨论、提问和合作。这种形式的资源不仅丰富了学习过程，还培养了学生的团队协作和沟通能力。学生可以通过网络互动分享观点，扩展思维，形成对知识的更为全面和多角度的理解。

教育者在混合式教学中具有巧妙整合各种资源的灵活性，可以根据学科特点和学生需求，设计教学内容。通过合理组织这些资源，教育者能够使得教学更为立体和全面。例如，在引入在线课程的同时，通过多媒体资料和网络互动，教育者可以进一步激发学生的兴趣，加深对知识的理解。这种整合有助于打破传统教学的单一性，为学生提供更为多元和有趣的学习体验。

3.教学过程优化

混合式教学对教学过程的优化体现在整合教学环境上，以提高教学的灵活性和效率。通过在线学习平台的布置和管理，教育者能够更有效地组织学习任务，使得学生在传统面授课堂中能够更深入地参与讨论和实践，从而提升教学的质量和学习的深度。

首先，混合式教学通过整合教学环境，使得教育者能够提前布置学习任务。通过在线平台，教育者可以事先上传相关学习材料、阅读资料或课前讨论题，使学生在课前有足够的时间进行准备。这种提前布置任务的方式可以激发学生的学前预习意识，促使其在面授课堂中更具备问题意识和讨论积极性。同时，教育者也可以有计划地设计在线学习任务，确保学生在课前具备必要的背景知识，更好地参与到面对面的教学活动中。

其次，通过整合教学环境，混合式教学模式为教育者提供了更全面的学生跟踪和管理手段。在线平台记录了学生的学习活动，包括在线学习时长、参与讨论的频率、提交的作业等。教育者通过对这些数据的分析，能够更全面地了解学生的学习情况，及时发现学习中可能存在的问题，并进行有针对性的教学指导。这种跟踪学生学习进度的方式，有助于教育者更好地个性化地关注每位学生，提高教学的针对性和贴近性。

最后，混合式教学通过整合教学环境，使得教育者能够在面对面的课堂中更灵活地组织实践活动。在线学习平台可以为学生提供更多的学习资源，而面授课堂则可以用于加强实践性的学习。通过整合这两种教学环境，教育者可以更有针对性地设计实践性的任务，提供案例分析、实地考察等实践性学习机会。这样的实践活动有助于巩固学生在线学习中获得的理论知识，培养其实际问题解决能力，提高教学的实效性和实用性。

（二）学生的主动参与和自主学习

1.独立学习空间

混合式教学的推崇独立学习空间的理念是为了引导学生在在线平台上进行自主学习。这种教学模式鼓励学生根据个人兴趣和学科需求，灵活选择适合自己的学习路径和资源。这样的主动参与学习模式有效地强调了学生的个体差异，培养了其自主学习的能力，推动了教育的个性化发展。

一是，混合式教学中的独立学习空间为学生提供了更灵活的学习机会。通过在线平台，学生可以根据自己的学习节奏和时间安排进行学习，无须受到传统面授课程的时间和地点限制。这种灵活性使得学生更容易适应自己的学习习惯和生活节奏，从而提高学习的效果。

二是，独立学习空间通过在线平台提供了更为广泛和多样的学习资源。学生可以根据个人兴趣和需求，选择适合自己的学科资料、课程视频、电子书等学习资源。这种资源的多样性有助于满足学生对于知识的不同需求，激发其学科兴趣，培养更为广泛的学科视野。

三是，混合式教学的独立学习空间也强调学生在学习过程中的自主性。学生在在线平台上能够自主选择学习的内容和深度，根据个人理解程度进行反复学习，从而更好地掌握知识。这种自主学习的过程培养了学生主动学习的态度和方法，提高了其对于知识的深刻理解和应用能力。

同时，独立学习空间还为学生提供了更多参与学习的途径。通过在线平台的论坛、博客等社交工具，学生可以参与到各类讨论和互动中，分享自己的学习体会，与同学进行学科交流。这种社交性的学习空间不仅促进了学生之间的合作与交流，也扩大了学生学科学习的社交维度。

2.学习社区互动

混合式教学模式的一项核心特征是通过在线平台构建学习社区，旨在促使学生之间建立更加紧密的互动和合作关系。这种虚拟学习社区的构建为学生提供了一个开放的思想交流空间，为课程内容的深度理解和知识的全面掌握创造了有益的环境。

一是，混合式教学通过学习社区互动，鼓励学生在虚拟空间中进行思想交流和讨论。在线平台上的论坛、讨论组等功能成为学生表达观点、分享看法的平台。学生们可以在这个虚拟社区中提出问题、交流心得、解答疑惑，从而激发出更多深入思考和富有创意的观点。这种互动的学习环境有助于学生更全面地理解课程内容，拓展思维深度，增强对知识的深层次理解。

　　二是，学习社区的建设为学生提供了合作项目的机会。学生可以通过在线平台组建小组，共同参与项目研究、案例分析等协作性学习任务。这种合作项目的设计不仅使学生在团队中相互支持、合作，也培养了学生团队协作和沟通能力。通过与同学共同解决问题，学生在学术上和社交上都得到了更为全面的发展，为未来职业和学术生涯的成功奠定了基础。

　　三是，学习社区互动还提供了多样的学科交流途径。学生可以在虚拟社区中参与不同主题的讨论，拓宽学科广度。这种交流不仅仅限于课程内容，还可以涵盖学科的前沿研究、实践经验等方面。这样的学科交流不仅促进了学生之间的深层次互动，也培养了学生对于跨学科知识的理解和应用能力。

　　3.反思和讨论

　　混合式教学的核心理念之一是强调学生通过在线平台进行反思和讨论，为其提供了一个富有启发性和互动性的学习环境。这一教学模式鼓励学生在独立学习的过程中，通过书面表达、在线论坛等形式深化对知识的理解，培养批判性思维和问题解决能力。这种反思和讨论的过程不仅促进了知识的深层次消化，还激发了学生的思考意识，使其在学习中更为主动和有动力。

　　在混合式教学中，学生通过在线平台进行反思，通常以书面表达的形式呈现。这种书面表达既可以是对学习材料的总结和归纳，也可以是对自己学习过程的思考和感悟。通过这样的反思活动，学生得以深入挖掘知识的内涵，将抽象的概念转化为具体的思想，进而加深对学科内容的理解。这种深度的反思过程有助于培养学生对知识的内化和运用能力，使其能够更加灵活地应用所学知识解决实际问题。

　　另外，混合式教学鼓励学生通过在线论坛等形式进行讨论。这种讨论不仅包括与教师的互动，更强调学生之间的交流和合作。学生在论坛上可以分享自己的见解，与同学进行深入的学科讨论，从而扩展自己的思维广度。通过参与讨论，学生还能够接触到不同的学科观点和思考方式，促使其思考问题的多样性，培养批判性思维和学科综合能力。

　　这种反思和讨论的过程在混合式教学中的意义不仅在于知识的积累，更在于学生对于学科问题的主动思考。通过这样的学习方式，学生在独立学习的过程中形成了自主学习的习惯和思维方式，这不仅提高了其对知识的理解深度，还培养了批判性思维和问题解决能力。这种主动性的学习过程使学生在面对新的知识和问题时更具有探究精神和解决能力，为其未来的学业和职业发展奠定了坚实的基础。

（三）多样化的学习体验

1.弹性学习时间

混合式教学模式的一个显著特征是为学生提供了更加灵活的学习时间。通过在线学习平台，学生得以根据自身的时间安排和生活节奏，自主选择学习的时间段，从而实现弹性学习时间的安排。这种灵活性为学生提供了更大的自主性和个性化的学习体验，对于适应现代生活的多样性需求和个体差异具有积极的影响。

第一，混合式教学的弹性学习时间允许学生根据个人的日常生活和工作安排，选择最适合自己的学习时间。传统的面对面教学通常受制于固定的课程时间，而混合式教学则通过在线学习平台打破了时空的限制。学生可以根据自己的生活习惯和最佳学习时段，自主安排学习时间，提高学习效果。这种灵活性使得学生能够更好地平衡学业与生活的关系，增强学习的舒适度和自主性。

第二，弹性学习时间的安排有助于提高学生的学习效率。每个学生的学习效果在不同的时间段可能存在差异，而混合式教学允许学生在认知高峰时段选择学习，更好地利用个体学习优势。这样的学习时间安排不仅有助于提高学习的效果，还培养了学生对自身学习节奏的认识和管理能力。学生可以更有针对性地调整学习计划，提高学习的灵活性和个性化。

第三，弹性学习时间还为学生提供了更多的自主学习机会。学生可以根据自身的学科需求，选择适合自己学习的时间段，并根据个人兴趣深入学习相关知识。这种自主性的学习模式有助于培养学生的自主学习意识和习惯，提高其对学科知识的主动探究和独立思考的能力。

2.学习资源选择

混合式教学模式通过提供丰富多样的学习资源，赋予学生更大的自主选择权，使其能够根据个体差异和学科需求，自主选取适合自己学习风格的资源，从而提高学习的个性化和差异化。

一是，混合式教学的多样学习资源包括在线课程、数字图书馆、多媒体资料等，为学生提供了广泛的学科内容和形式。在线课程不仅可以满足学生基础知识的获取，还提供了丰富的学科拓展和深化课程。数字图书馆则为学生提供了大量的电子书籍和学术论文，方便他们进行深入的研究和阅读。多媒体资料，如教学视频、音频资料等，更能满足学生对于多样化学习方式的需求。这种多元的学习资源不仅为学生提供了更广泛的知识选择空间，还促使其形成多元的学科兴趣和广泛的知识视野。

二是，学生可以根据个体差异和学科特点，灵活选择适合自己学习风格的资源。每位学生在学习过程中都有独特的学科兴趣和学习方式，混合式教学允许学生自主选择，根据个体差异选择最合适的学习资源。有些学生可能更喜欢通过观看视频进行学习，而另一些学生可能更偏向于阅读文献和书籍。这样的个性化选择有助于提高学生对学科知识的兴趣和投入，激发其主动学习的积极性。

三是，混合式教学模式中的学习资源选择也有助于满足不同学科的需求。不同学科对于学习资源的需求有所差异，有些学科更注重实践和案例分析，而另一些学科可能更偏向于理论和文献研究。混合式教学的多元学习资源能够满足各种学科的特定需求，为学生提供更全面的学科学习体验。学生可以根据所学学科的特点，选择更为适合的学习资源，提高学科学习的深度和广度。

第二节　混合式教学在英语教育中的应用

一、提升语言输入和输出能力

混合式教学在英语教育中发挥着关键的作用，其通过在线学习资源、面授课堂互动及个性化学习路径等方面提升学生的语言输入和输出能力。这种教学模式的灵活性和个性化特点，有望更好地满足学生的学习需求，促进英语教育的全面提升。

（一）在线学习资源

1.学习平台

混合式教学在学习平台方面为学生提供了丰富多样的选择，这包括在线课堂和学术论坛等平台。这种多元化的学习平台为学生提供了更广泛的学习资源和机会，对于英语教育的提升起到了积极的作用。

学生通过参与在线课堂，能够在虚拟环境中接触到真实语境下的英语语言。这种环境模拟了日常生活中的交流情境，使学生更容易适应不同的英语口音和语速，从而提高了他们的听力水平。在线课堂的互动性也为学生提供了即时提问和回答的机会，促使他们更积极地参与讨论，提高了听力和理解能力。

另外，学术论坛作为学习平台的一种形式，为学生提供了深度学习的机会。这些论坛集结了来自不同背景和领域的专业人士和学生，提供了各种英语学科的学术资源。学生可以在这些学术论坛上浏览学术文章、参与学术讨论，拓展英语知识的广度和深度。这种开放的学术交流平台促使学生更深入地了解英语在不同领域中的应用，从而提高他们的学科素养。

值得注意的是，学习平台的选择也对于学生的自主学习能力产生了影响。在这些平台上，学生需要自主选择学习的内容和参与的讨论，培养了他们的自主学习意识。这种自主性的学习模式使学生更有可能选择与自己兴趣和学科需求相关的学术资源，从而更有效地提升英语知识的获取和理解能力。

2. 自学课程

混合式教学中的在线自学课程成为学生提升阅读理解能力的强大工具。这种学习方式通过引入自主选择学习材料的机制，为学生提供了更加灵活和个性化的学习体验，有效地促进了他们的英语阅读水平的提高。

在线自学课程的核心特点在于学生可以自主选择学习材料，根据个人兴趣和水平进行定制化的学习。这种个性化的学习路径有助于激发学生的学习兴趣，提高学习的积极性。学生可以根据自己的阅读水平，选择适当难度的文章，逐步提高难度，从而更好地适应不同阶段的学习需求。这种个性化学习的机制使得学生能够更好地融入学习过程，更主动地参与英语阅读的学科实践。

通过自主选择学习材料，学生能够拓展自己的词汇量，从而提高阅读理解的水平。不同领域和主题的文章中常常包含了丰富多样的词汇，通过自主选择多样化的学习材料，学生可以接触到更广泛的词汇，提升词汇的丰富性和应用广度。这种通过自学课程拓展词汇的方式，使得学生在阅读理解中能够更准确地把握文章的含义，更深入地理解英语语境。

此外，自学课程的引入还有助于培养学生的自主学习能力。学生在自主选择学习材料的过程中，需要运用独立思考和判断的能力，提高问题解决和学科应用的能力。这种自主学习的过程不仅有助于英语阅读水平的提高，还培养了学生更广泛的学习能力，为其未来的学术研究和职业发展提供了坚实的基础。

3. 学习工具

混合式教学在引入学习工具方面发挥了关键作用，为学生提供了丰富的技术支持，其中包括语音识别软件和在线词典等。这些工具的引入不仅有助于学生更好地理解和运用英语，提高语言输入能力，同时也对口语表达能力的提升起到了积极的作用。

学习工具中的语音识别软件在混合式教学中具有重要意义。通过这种工具，学生可以将书面文字转换为口头表达，实现语音和文字的互动。语音识别软件的使用有助于提高学生的语音理解能力，使其更好地理解英语口音和语调的变化。同时，学生通过模仿语音识别软件的发音，可以有效地纠正自己的口音，提高口语表达的准确性。这种实时的语音反馈机制促使学生更加关注语音细节，有助于形成更地道和流利的口语表达。

另外，引入在线词典等学习工具也为学生提供了便捷的辅助手段。在线词典不仅提供了即时的释义和例句，还能够帮助学生了解词汇的用法和搭配。学生可以随时通过这些工具查询生词，加深对词汇的理解，提高语言输入的质量。同时，在线词典通常还包括发音示范，有助于学生正确理解和模仿单词的发音，提高语言输入的准确性。

混合式教学中引入这些学习工具的目的不仅在于提高语言输入能力，更在于激发学生的自主学习意识。学生通过使用这些工具，可以更灵活地根据个体差异和学科需求进行学习。这种个性化的学习模式使学生更主动地选择合适的学习资源，更独立地进行英语学科学习。

（二）面授课堂互动

1. 口语练习

在传统的面授课堂环境中，教师可以精心组织各种口语练习活动，旨在提升学生的口语表达能力。这些口语练习活动包括但不限于角色扮演和小组对话，通过实际运用英语，旨在培养学生的口语流利度和自信心。

首先，角色扮演是一种富有创造性和趣味性的口语练习方式。在这种活动中，学生被分配或选择扮演特定的角色，通过模拟真实场景进行对话。这不仅激发了学生的表达兴趣，还提供了一个更贴近实际生活的语境，帮助他们运用学到的语言知识进行实际交流。通过角色扮演，学生能够更自然地表达思想，锻炼口语表达的流畅性，同时培养在不同语境下应对问题的能力。

其次，小组对话是另一种有效的口语练习方式。在小组对话中，学生们被分成小组，共同探讨和讨论特定主题。这种形式鼓励学生积极参与，提高他们的口头表达能力。通过与同学的互动，学生不仅可以分享自己的观点，还能够倾听他人的看法，促进思想交流。这种合作性的口语练习既强调了个体表达能力，也培养了团队协作和沟通的技能，为学生未来的社交和职业发展奠定了基础。

这些口语练习活动的组织不仅有助于提高学生的口语表达流利度，还有助于培养他们的自信心。通过实际运用英语进行口语练习，学生能够更深刻地体会到语言的实用性，增强在交流中的自信感。教师在这一过程中不仅充当指导者的角色，还可以提供及时的反馈和建议，帮助学生不断改进口语表达技能。

2. 小组讨论

在混合式教学的环境下，面授课堂通过组织小组讨论等形式，为学生提供了促进语言输出的有力工具。这种活动不仅使学生在小组互动中得以分享观点，还通过锻炼写作和口头表达能力，提高了学生的语言输出水平，同时也培养了团队协作和交流能力。

小组讨论作为一种常见的面授活动，通过将学生分为小组，让他们在团队环境中共同探讨特定主题或问题。在这个过程中，学生需要表达自己的观点，倾听他人的看法，形成共识。这种互动不仅激发了学生的思考和表达兴趣，还使他们在实践中运用英语进行交流，从而提高了写作和口头表达的能力。通过小组讨论，学生能够在一个鼓励开放性思考和多元观点的氛围中提升语言表达的深度和广度。

小组讨论的另一个重要效果是促进了团队协作能力的培养。学生在小组中需要有效地合作，协调意见，共同解决问题。这种协作过程既锻炼了学生的团队合作技能，又培养了他们的沟通和协商能力。团队协作的经验不仅对学生在学术领域的表现有所助益，也在未来社交和职业生涯中具有积极的影响。此外，小组讨论也有助于拓展学生的思维广度。在小组中，学生有机会接触到不同观点和思考方式，促使他们更全面地思考问题。这种思维的拓展不仅对学科学习有帮助，同时也培养了学生更灵活地应对各种情境的能力。

3.个性化反馈

在传统面授课堂中，教师通过提供个性化的反馈，为学生提供了一种关键的支持机制。这种及时的反馈不仅有助于学生识别和纠正语言输出中的问题，还促使他们更好地理解和运用英语。

首先，个性化的反馈使得教师能够更精准地指导学生的语言学习。通过观察学生在口语、写作等方面的表现，教师可以深入了解每个学生的个体差异，识别其在语言输出中可能存在的问题。这样的个性化观察使得教师能够有针对性地提供反馈，针对学生的具体困难点和需求进行指导，从而更有效地推动其语言学习的进程。

其次，个性化的反馈为学生提供了自主学习的机会。通过了解自己的语言输出问题，学生能够更清晰地认识到个体差异和需求，有助于他们更有目的地制订学习计划。教师的反馈可以激发学生对学科学习的主动性，使其更有动力地积极参与语言学习过程。

再次，个性化反馈也有助于建立积极的师生关系。通过个性化的指导，学生感受到教师的关注和关心，从而增强学生对学科学习的兴趣。这种积极的互动不仅有助于提高学生的学科成绩，还能够培养学生更积极的学习态度，推动其在英语学习中获得更深层次的体验。

最后，个性化的反馈也有助于教师更好地了解学生的学习过程和成果。通过反馈的收集和分析，教师能够调整教学方法和策略，以更好地满足学生的学科需求。这种循环性的反馈机制有助于优化教学过程，提升教学质量。

（三）个性化学习路径

1.学习水平适应

混合式教学为学生提供了一个灵活的学习环境，其独特之处在于可以根据学生的个体学习水平提供个性化的学习路径。这一灵活性允许教育者根据学生的需求和能力水平，为他们量身定制学习体验，使每位学生在学习过程中都能找到适合自己的挑战和乐趣。

一是，对于初学者，混合式教学可以提供更为简单和易理解的学习资源。通过选用清晰简明的教学材料和互动活动，初学者能够逐步建立对英语基础知识的理解，并在轻松的学习环境中培养语言学习的兴趣。这种针对初学者的学习路径有助于建立他们对英语学习的信心，为他们的学习之旅奠定坚实基础。

二是，对于高级学生，混合式教学可以提供更具挑战性和深度的学习任务。通过引入更复杂的学习资源、深层次的讨论和独立的研究项目，高级学生可以在学术上获得更多的挑战，拓展语言应用的广度和深度。这样的学习路径不仅能够满足高级学生对知识的渴求，还有助于培养他们更高层次的语言技能和批判性思维能力。

三是，混合式教学还提供了中间层次学生更为平滑过渡的可能性。中间层次学生既能够通过适度挑战的学习任务巩固基础，又能够接触到一些稍微复杂的学科内容，以促进他们在语言学习上的全面发展。这样的个性化学习路径有助于确保中等水平的学生在学习中不会感到过于枯燥或压力过大，保持学习动力的稳定性。

2.学习目标定制

混合式教学为学生提供了根据个体学习目标进行个性化选择的机会，从而实现了更为灵活和有针对性的学习路径。学生可以根据自身的英语学习目标选择特定领域的学习资源，例如商务英语或学术英语，以满足其独特的学科需求和职业发展方向。

一是，学生在混合式教学环境中可以根据自身的兴趣和职业规划，有目的地选择学习路径。例如，一位学生可能对国际商务领域充满热情，希望提高商务英语沟通能力。混合式教学通过引入商务英语相关的学习资源，如商务英语课程、专业文章、商务演讲等，为这位学生提供了丰富的学习机会，使其能够更有针对性地达到商务英语学习目标。

二是，混合式教学通过提供多样化的学习资源，满足了学生对不同英语学科领域的需求。有些学生可能对学术英语更感兴趣，希望在研究和学术交流中更加流利和精准地表达。混合式教学在这方面提供了学术英语的相关资源，如学术论文阅读、学术写作指导等，以满足学生在学术领域的个性化学习需求。

三是，混合式教学还为学生提供了跨学科的学习机会，使他们能够在多个领域中寻找与个人兴趣和职业规划相匹配的学科内容。这种灵活性不仅有助于学生更全面地发展自己的语言技能，也能够满足其对多领域知识的渴望，从而促使他们更加深入地参与英语学习。

3.弹性学习时间

弹性学习时间是混合式教学模式的一个显著特征，它为学生提供了更加自主和灵活的学习时间安排。在这个模式下，学生有权根据个人的生活节奏和时间安排，自主选择学习的时间段，为其创造了更为舒适和高效的学习环境。这种弹性学习时间的设计不仅使学生更好地适应了个体化的学习需求，也在很大程度上提高了学习的效果。

第一，学生可以根据自己的最佳学习时段进行学习。人的学习效果受到生物钟的影响，不同的个体在一天中的各个时段可能具有不同的学习效率。弹性学习时间允许学生在他们认为自己状态最佳的时间段进行学习，这有助于提高学生对学习活动的专注度和投入度。例如，一些人在早晨更为清醒，而另一些人可能更适合在夜晚进行深度思考和学习。

第二，弹性学习时间使得学生能够更好地促进学习与生活的平衡。传统的面对面教学通常受到固定的课程时间表的限制，学生需要在特定时间到达教室参与学习。而混合式教学的弹性时间安排使学生能够更灵活地安排学业与其他生活活动，从而减轻了学习压力，提升了学习的舒适度和可持续性。

第三，学生可以在最为集中和高效的时间段进行学习，充分利用自己的时间资源。这种灵活性使得学生能够更好地规划学习计划，集中精力应对学习任务，提高学习的效果。学生可以在一天中选择最适合自己的学习时段，避免在低效的时间进行学习，从而最大化学习成果。

二、提供个性化学习和反馈机制

（一）在线评估和反馈

混合式教学的在线评估和反馈机制为学生提供了更加全面、实时的学习指导，从而促进了其学习效果的提高。通过在线平台，教师能够灵活地利用各种工具进行学生的评估，并及时反馈，使学生能够更好地理解自己的学习水平，同时获得个性化的指导和建议。

在混合式教学中，教师可以通过在线测试评估学生对知识点的掌握情况。这种形式的评估可以在课程中间或结束后进行，为教师提供学生学习进展的直观数据。通过分析学生的在线测试成绩，教师能够了解到学生在何处存在理解不足或掌握得较好的知识点，从而有针对性地调整后续教学内容或提供额外的学习资源。

此外，混合式教学的作业评价也可以通过在线平台进行。教师可以要求学生提交电子版作业，利用在线工具对作业内容进行评价。这不仅提高了评价的效率，还为学生提供了更为详细和直观的反馈。通过在线作业评价，教师可以针对学生的个体差异和学科需求，给予具体而有针对性的建议，帮助学生改进写作、解决问题。

在线平台还提供了教师和学生之间即时互动的机会，通过在线讨论、聊天和反馈系统，学生可以直接向教师提问，获得实时的解答和指导。这种实时互动不仅能够解决学生在学习过程中的问题，还能够促进学生的主动参与，提高学习效果。

（二）学习分组和个案辅导

混合式教学的学习分组和个案辅导是有效的教育策略，旨在更好地满足学生个体差异、提供个性化支持，从而促进学习效果最大化。根据学生的学习需求和水平进行分组，并为每个小组分配专属的教师指导，混合式教学创造了更加个性化和针对性的学习环境。

首先，学习分组可以根据学生的学科水平、兴趣特长及学习风格进行合理划分。这样的分组机制有助于确保小组内成员在相似的学科水平上进行学习，能够更好地协同合作，相互促进。同时，考虑到学生的兴趣特长和学习风格，小组成员可以在共同的学科领域内形成共鸣，激发学习的兴趣，提高学习的动机。

其次，为每个小组分配专属的教师指导，学生能够在学科知识和学习方法上得到更加贴近个体需求的指导。教师可以更深入地了解每个小组成员的学习情况，有针对性地提供帮助和指导。这种个案辅导的方式有助于学生更好地理解和消化学科知识，同时也提供了更多的机会进行个性化的学习辅导，促进学生在学科上的个人发展。

最后，学习分组和个案辅导还能够提高学生的团队协作和沟通能力。通过在小组内进行合作和讨论，学生不仅可以在学科知识上相互帮助，还能培养团队协作的技能。教师在这一过程中扮演着引导者的角色，帮助学生建立积极的团队氛围，促进学科知识的共享与交流。

（三）学习进程跟踪

混合式教学的在线学习平台在学生学习进程的跟踪方面具有显著优势。通过详细记录学习数据和学习记录，教师能够深入了解学生的学习情况，为个性化教学和及时干预提供了重要依据。这一全新的教学模式为教育者提供了更全面、精确的学生信息，有助于调整教学策略，提高学生学习效果。

第一，通过在线学习平台追踪学生的学习进展，教师能够获得有关学生学习行为的详细数据。这些数据包括学生的学习时间分布、所访问的教学材料、在线测试的成绩等。通过对这些数据的分析，教师可以了解学生在学科领域的偏好和学习习惯，帮助个性化地调整课程内容和教学方法。

第二，学习数据的记录有助于教师及时发现学生可能遇到的学习问题。通过分析学生的学习历程，教师可以识别出学生在某个学科领域的薄弱环节，或者在某类任务中表现不佳的情况。这种了解有助于教师提供有针对性的辅导和支持，帮助学生克服学习难题，提升学科水平。

第三，学习进程的跟踪还可以为教育者提供更好的个性化教学建议。通过了解学生的学科偏好、学习速度和学科需求，教师可以为每位学生定制更适合其个体差异的学习路径。这样的个性化教学模式有望提供更具针对性的学科资源和任务，满足学生个性化的学习需求，提高学习效果。

第四，学习进程的跟踪还促进了学生、家长和教师之间的密切沟通。通过在线学习平台，家长可以随时查看学生的学习进展，了解孩子在学校中的表现。学生也可以通过自己的学习记录更好地认识自己的学科优势和不足，有利于更有目的性地进行学科规划和目标设定。

第三节　教育技术在混合式教学中的角色

一、教育技术的嵌入与支持

（一）提供学习资源

1.学习资源的多样性与适应性

在混合式英语教学中，教育技术发挥着关键作用，主要体现在为学生提供多样化的学习资源及适应性的教学环境。首先，教育技术通过引入在线课程、教学视频和互动模拟等多种学习资源，丰富了教学内容，使得学习过程更为生动有趣。这些多样性的学习资源不仅满足了学生不同层次的英语水平需求，还考虑到了学生个体差异和兴趣爱好，提供了更为灵活的学习选择。

在线课程作为一种主要的学习资源，使得学生可以随时随地进行学习，突破了时间和地域的限制。这种灵活性不仅满足了学生在繁忙的学习和生活中的需求，同时也为教育者提供了更多的教学机会。通过在线课程，学生可以根据自身学习进度和风格选择合适的学习内容，个性化地构建学习路径，提高学习效果。同时，教育技术的创新还为学生提供了教学视频和互动模拟等资源，通过视听和互动相结合的方式，进一步激发学生的学习兴趣，增强信息的吸收和记忆。

其次，教育技术的适应性体现在其能够根据学生的不同需求和水平提供个性化的学习环境。通过技术手段的嵌入，教育者可以更加灵活地选择、调整和定制教学资源，满足学生的多样化需求。自适应学习系统可以根据学生的学习表现实时调整教学内容和难度，使学生始终处于适宜的学习状态。这种个性化的教学方式不仅提高了学习效果，还能够增强学生的学习动机和自主学习能力。

在混合式英语教学中，教育技术的多样化和适应性为教育者和学生提供了更大的灵活性和选择空间。通过充分利用在线课程、教学视频和互动模拟等多种资源，教育者能够更好地满足学生的个性化需求，提高教学的吸引力和针对性。同时，教育技术的适应性保证了学生在学习过程中能够获得最合适的教育资源，有助于提高学生的学习效率和学术成就。因此，混合式英语教学中的教育技术的多样性和适应性是推动教育创新和提升教学质量的重要因素。

2. 丰富教学内容与学科知识

教育技术的嵌入为英语教学注入了更为丰富和深入的学科知识，通过在线课程和教学视频的运用，学生有了更广泛的话题和更贴近实际的语言应用场景。这种深度融合的教学方式在多个层面上丰富了学科知识传递。

一是，通过在线课程的引入，学生可以接触到更为多样化和深入的英语学科知识。这些在线课程覆盖了从基础语法到高级语言技能的全方位内容，以及文学、文化等多个领域的知识。举例而言，学生可以通过在线课程了解到不同国家的语言使用习惯、文化传统，从而提升对英语语言的整体认知。这种广泛的学科涵盖使得学生在学习过程中能够更全面地了解英语，培养更为综合的语言运用能力。

二是，教育技术的嵌入为教学视频提供了更为生动和实用的语境。通过精心设计的教学视频，学生不仅能够听到正宗的语音，感受到地道的语调，还能够观察到真实的语言交流场景。这种贴近实际的语境有助于学生更好地理解和运用所学知识。例如，通过模拟真实对话场景，学生可以更好地掌握口语表达技巧，提高实际语言运用的信心和流利度。同时，教学视频还可以呈现各种专业领域的语言运用，如商务英语、科技英语等，为学生未来不同领域的应用打下坚实的语言基础。

三是，教育技术的嵌入也为教学提供了更为灵活和个性化的教学资源。通过技术手段的应用，教育者可以针对学生的兴趣、水平和学习风格，选择合适的在线课程和教学视频。这种个性化的教学资源的选择有助于激发学生的学习兴趣，提高学习动机，使得学科知识更为深入人心。

（二）促进交流与协作

1. 辅助工具的应用

教育技术的不断创新为教学提供了多样的辅助工具和平台，其中包括在线讨论论坛、协作文档及远程实时交流工具等。这些工具的应用在促进学生之间、学生与教师之间的交流和协作方面发挥着关键作用。这种协作环境不仅有助于学生分享观点、讨论问题，还能够显著增强他们对学科知识的理解。同时，教育者通过这些工具的灵活运用，能够更加有效地组织小组活动，培养学生的团队合作和沟通技能。

一是，在线讨论论坛为学生提供了一个开放的平台，使他们能够在虚拟空间中自由交流、分享思想。这种交流形式不受时间和空间的限制，为学生提供了更多的机会参与学科讨论。通过参与讨论，学生能够从多个角度审视问题，拓宽视野，培养批判性思维和分析问题的能力。同时，教育者可以通过监控讨论内容，了解学生对知识点的理解深度，有针对性地进行辅导和引导。

二是，协作文档的运用使得学生可以共同编辑和创建文档，促进实时协作。这种共同创作的方式不仅锻炼了学生的团队合作能力，还培养了他们在实际工作中所需的协同能力。在文档的协作过程中，学生可以相互评论、提出建议，共同完善文档内容。这不仅有助于学生深化对学科知识的理解，还培养了他们合作中沟通与协调的技能。

三是，远程实时交流工具的运用为学生提供了更为直观和即时的沟通方式。通过视频会议、在线课堂等形式，学生可以与教师进行面对面交流，提出疑问并得到及时解答。这种实时交流不仅弥补了传统教学中面对面交流的不足，还能够有效缩短学生获取信息的时间。同时，教育者可以通过这些工具更好地了解学生的学习状况，及时调整教学策略，提供个性化的支持。

2.提高学生互助和合作的机会

通过在线平台提供的辅助工具，学生在英语学习中得到了更为方便和广泛的互助与合作机会。协作文档及实时交流工具等工具的运用，为学生提供了一个共同编辑文件、讨论课题的平台，从而有效地加深了对英语知识的理解。这种互助与合作的机会不仅使学生更为积极地参与学习，而且有助于他们成为学习的主体，培养了批判性思维和问题解决能力。

首先，协作文档的运用为学生提供了一个实时共同编辑的环境。学生可以在文档中进行即时的合作与讨论，共同解决问题，分享见解。通过这种方式，学生能够互相启发，共同探讨学科知识，促使他们更深入地理解所学的英语内容。此外，协作文档也为学生提供了一个记录学习过程的平台，使得学生能够追踪和评估自己的学习进展，形成自主学习的习惯。

其次，实时交流工具为学生提供了一个即时交流的平台，使得他们能够随时随地进行讨论和互助。通过在线会议、聊天室等形式，学生可以迅速获取他人的意见和反馈，促进信息的传递和共享。这种实时交流的机会不仅缩短了学生之间的沟通距离，也为他们提供了一个即时解决问题、共同学习的空间。通过这样的交流，学生能够从不同的角度审视问题，培养了多元思维和合作精神。

同时，通过在线平台的辅助工具，学生可以参与到更广泛的学科讨论中。在讨论论坛上，学生能够分享自己的观点、提出问题，并与他人进行深入的交流。这种开放性的讨论平台不仅能够激发学生的学习兴趣，还培养了他们表达观点的能力。此外，学生通过参与讨论，可以从他人的观点中学到不同的思考方式，拓展了自己的思维边界。

（三）支持个性化学习

1.个性化学习平台的应用

教育技术的不断发展使得个性化学习平台和自适应学习系统成为现代教育的重要组成部分。通过这些创新性的工具，学生得以根据自身的学习情况和需求，自主选择学习内容，从而实现了个性化学习。这种学习模式不仅更好地满足了学生的学科需求，还在培养其独立学习能力方面发挥着关键作用。

个性化学习平台为学生提供了一个定制化的学习环境。通过分析学生的学习历史、兴趣爱好及学科水平，个性化学习平台能够为每位学生量身定制适合其需求的学习路径。这意味着学生可以根据自己的学科强项和薄弱点，有针对性地选择学习内容，避免重复性学习，更加高效地掌握知识。这种个性化的学习路径不仅提高了学习效率，同时也激发了学生对学科的兴趣，提升了学习的动机。

自适应学习系统通过实时监测学生的学习表现，根据其掌握程度调整教学资源和难度，为学生提供了更为个性化的学习支持。这种系统能够及时发现学生的学科薄弱点，强化相关知识点的训练，以提高其学科水平。同时，对于那些学科较为擅长的学生，系统能够提供更具挑战性的学习任务，以保持其学科兴趣。通过这种个性化的学习支持，学生在学科上能够更全面、更深入地发展。

个性化学习的模式强调学生的主动性和自主选择权，培养了其独立学习的能力。在个性化学习平台中，学生不再被一刀切的教学方式所束缚，而是可以根据自己的学习节奏和风格进行学习。这种自主选择学习内容的方式使学生更加主动地参与学习过程，培养了其自我管理、计划和反思的能力。学生在个性化学习环境中更容易发现自己的学科兴趣，形成更为持久的学习动力。

2.个性化学习体验的提升

通过技术的支持，教育者得以更全面地了解学生的学习需求，从而提升个性化学习体验。这种个性化的学习体验不仅能够更好地满足学生的个体差异，还有助于学生更深入地理解和应用所学知识，提高整体学习效果。在个性化学习的环境中，教育者能够更加灵活地根据学生的学科水平、兴趣爱好及学习风格提供相应的学习资源，从而实现个体化的学习路径。

第一，通过技术的支持，教育者可以采用数据分析等手段深入了解学生的学习需求。个性化学习平台和系统能够收集、分析学生的学习数据，包括学科知识的理解程度、学习速度，以及学科兴趣等方面的信息。这些数据为教育者提供了全面的学生画像，使其更了解学生的个体差异和需求。这种精准的数据分析为教育者提供了更有针对性的教学支持，帮助学生克服学科难点，强化学科优势，提升整体学习水平。

第二，个性化学习体验使得学生能够更深入地理解和应用所学知识。根据学生的个体需求提供相应的学习资源，教育者能够更好地满足学生的学科需求。学生在个性化学习的环境中能够按照自己的学习节奏和风格进行学习，选择符合自己兴趣的学科内容。这种灵活的学习方式使得学生更容易理解和应用所学知识，加深对学科的认识，提高学科知识应用能力。

第三，个性化学习有助于激发学生的学习兴趣，使其更加投入学习过程。通过提供符合学生兴趣和学科水平的学习资源，个性化学习能够激发学生的学科好奇心和学习动机。学生在兴趣驱动的学习中更容易保持学习的积极性，自觉投入到学科知识的探究中。这种投入感和满足感有助于培养学生的学科兴趣，使其更为乐于学习，进而取得更好的学业成绩。

（四）提供即时反馈与评估

1. 在线评估工具的使用

教育技术通过在线测试、作业提交和学习分析等方式，为学生提供了即时的反馈和评估，从而构建了更为及时和有效的学习评估体系。这种及时的反馈为学生、教育者及整个教育系统都带来了重要的影响。

首先，通过在线测试和作业提交，学生能够迅速获取有关自己学习表现的详细信息。与传统的纸质测试相比，在线评估工具能够更迅速地为学生提供测试成绩和反馈意见。这使得学生能够即时了解自己在特定知识点或技能上的表现，及时调整学习策略。通过及时的反馈，学生可以更好地理解自己的学科优势和薄弱点，有针对性地进行学科知识的强化和提高。

其次，教育技术的在线评估工具为教育者提供了更为全面和精准的学生学科掌握情况。通过分析学生在在线测试和作业中的表现，教育者能够更细致地了解每位学生在不同学科领域的学科水平。这种个体差异的了解有助于教育者更有针对性地制订教学计划，提供个性化的指导和支持。通过对学生学科掌握情况的深入了解，教育者可以及时调整教学策略，更好地满足学生的学科需求。

最后，学习分析工具通过大数据分析，能够揭示学生的学习习惯、学科偏好及可能存在的学科困难点。这种学习分析不仅有助于学生更好地认识自己的学科学习方式，还为教育者提供了有价值的参考信息。基于学习分析的结果，教育者能够更加科学地制订教学计划，引导学生养成良好的学习习惯，并有针对性地强化学科知识。

2. 个性化指导的优势

教育技术的嵌入为个性化指导提供了更为精准的手段，通过对学生在线学习数据的分析，教师能够更深入地了解学生的学习兴趣和困难点，从而实施有针对性的辅导。这种个性化的指导具有多方面的优势，它不仅更好地满足了学生的学科需求，而且促使学生更加深入地理解和掌握英语知识。同时，教育技术的即时反馈和评估机制使得教师能够更快速地发现学生的问题，从而有针对性地调整教学策略，提高学习效果。

一是，通过学生的在线学习数据分析，教师可以深入了解学生的学科兴趣和偏好。教育技术的个性化学习平台能够追踪学生在课程中的学习行为，包括浏览的内容、参与的讨论及完成的作业等。通过这些数据，教师能够了解学生对不同学科内容的兴趣程度，为后续的教学提供有针对性的建议和引导。个性化的指导根据学生的兴趣特点，使得教学更加贴近学生的需求，激发学习的主动性和积极性。

二是，教育技术的个性化指导能够有针对性地应对学生的困难点。通过分析学生的在线学习表现，教师能够迅速发现学生在特定学科知识点上的困难和薄弱之处。这种个性化的诊断有助于教师提前干预，为学生提供有针对性的辅导和支持。通过个性化指导，学生能够更加全面地理解和掌握英语知识，而不是简单地强调知识的表层掌握，从而提高学习效果。

三是，教育技术的即时反馈和评估机制为教师提供了更迅速地了解学生学习状况的手段。通过在线测试、作业提交等方式，教育技术能够实时收集学生的学习数据，教师可以根据这些数据迅速评估学生的学科掌握情况。这使得教师能够更快速地发现学生的问题，有针对性地调整教学策略，及时提供个性化的指导和支持。这种实时性的反馈有助于确保学生在学习过程中能够得到及时的帮助，避免问题积累和滞后。

二、教育技术对学生学习的影响

（一）激发学习兴趣

1.多媒体的引入

教育技术的创新，尤其是以多媒体为代表的丰富学习元素的引入，为学生提供了更为生动、直观的学习体验，极大地丰富了教学内容。通过图像、音频、视频等多媒体形式，学生得以更深刻地理解抽象概念，激发对知识的好奇心。这种视听结合的学习方式不仅打破了传统课堂的单一性，还使得学习过程更富趣味性，为教育领域带来了显著的变革。

多媒体在教育技术中扮演了关键的角色。通过图像的运用，教育者能够用生动形象的图表、图像来展示抽象的概念，使学生能够更直观地理解和记忆知识点。这种视觉化的呈现方式有助于激发学生的学科兴趣，提高其对学科内容的理解和吸收。同时，音频和视频的应用使得学生在感知和理解信息时能够运用多个感官通道，提升学科知识的综合应用能力。通过听觉和视觉的结合，学生更容易在记忆中形成联想，提高学习效果。

多媒体形式的引入还使得学习过程更为互动和可参与。通过互动式的多媒体教学工具，学生可以积极参与学习，通过点击、拖拽等方式与学科内容进行互动，增强了学习的参与感和深度。这种互动性的学习方式有助于激发学生的学科好奇心，促使其更加主动地参与知识的建构和理解过程，形成更为深入的学科认知。

多媒体的引入也为个性化学习提供了更多可能性。通过多媒体技术，教育者可以根据学生的学科水平、兴趣爱好等因素，灵活选择和调整教学内容，实现个性化的学习路径。这种个性化学习的模式使得每位学生都能够在符合自己学科需求的情况下进行学习，更好地发挥其学科优势，弥补学科薄弱，提高整体学科水平。

2. 互动性的设计

教育技术在教学中引入互动性元素，为学习过程注入了更多的活力。通过在线互动平台、虚拟实验等工具，学生得以直接参与到学习中，积极提出问题、解答疑惑，从而培养了他们的自主学习能力。这种互动性的设计不仅激发了学生对知识的兴趣，同时也促进了学生之间的合作与交流，为教育环境的创新和学科理解的深化提供了有力支持。

首先，通过在线互动平台，学生可以在虚拟的学习空间中与教师和同学进行实时互动。这种互动形式使得学生能够随时随地提出问题、分享观点，获得及时的反馈。教育者可以通过互动平台了解学生的学习状况和问题，及时调整教学策略，提供个性化的指导。学生之间的互动也有助于构建学习社群，形成合作学习的氛围，使整个学习过程更具活力。

其次，虚拟实验的引入使学科实践更加贴近实际，激发学生的学科好奇心和实践兴趣。通过模拟实验场景，学生能够在虚拟环境中进行实验操作，观察实验过程和结果。这种互动性的设计不仅弥补了传统教学中实验资源不足的问题，还为学生提供了更安全、更具体的学科实践体验。通过与虚拟实验的互动，学生能够更好地理解学科原理，培养实验设计和数据分析的能力。

最后，互动性的设计有助于培养学生的自主学习能力。在互动性的学习环境中，学生不再是被动接受信息的对象，而是积极参与学科探究的主体。通过提出问题、解答疑惑，学生逐渐培养了自主学习的能力，更具有独立思考和问题解决的能力。这对于学生未来的学习和职业发展具有重要意义，使他们能更好地适应信息化时代的知识获取和运用需求。

3. 游戏化的学习方式

教育技术的创新引入了游戏化的学习方式，为学习过程增添了挑战性和趣味性。通过设计任务、关卡等元素，学生在游戏化学习中不仅能够获得实时反馈，还能够在竞争中激发学习动力，提高学习效果。这种学习方式的引入不仅让学习过程更加生动有趣，而且使学生更乐于投入学习，提高学习的主动性。

游戏化的学习方式通过设置具有挑战性的任务和关卡，将学习过程转化为一种富有竞争性和趣味性的活动。学生在完成每个任务或关卡时，能够获得即时的成就感和奖励，这种正向的激励机制有助于激发学生的学习兴趣。与传统教学相比，游戏化学习更加注重学生的参与度和积极性，使得学生在学习中能够更为专注和投入。

一个显著的优势是游戏化学习提供了实时反馈机制。学生在游戏中完成任务后能够立即得知自己的表现，了解所学知识的掌握程度。这种即时的反馈不仅帮助学生纠正错误，也使学生能够更有针对性地进行学科知识的巩固和强化。实时反馈的机制促进了学生学习过程中的自我监控和自我调整能力的培养。

此外，游戏化学习中的竞争元素有助于激发学生的学习动力。通过设立排行榜、奖励系统等机制，学生在竞争中追求更高的成绩，从而提高学习的积极性。这种竞争性的学习环境促使学生更为努力地迎接挑战，促进了学科知识的深度和广度的拓展。学生在游戏化学习中培养了竞争和合作的意识，这对其未来的团队合作和个人发展都具有积极影响。

（二）提高学习效率

1. 多样化学习途径

教育技术的应用为学生提供了多样化的学习途径，包括在线教育平台、教育应用程序等，从而使学习变得更加灵活和个性化。这种变革不仅使学生能够根据个体差异选择合适的学习途径，而且有助于提高学习效率，使每位学生都能够在适合自己的环境中进行学习。这种个性化的学习方式在促进学科理解、培养学生自主学习能力方面具有重要意义。

第一，通过在线教育平台，学生可以在任何时间、任何地点进行学习。这种学习途径的灵活性为学生提供了更大的自主选择空间，学生可以根据自己的时间安排和学习节奏进行学习。学生不再受制于传统教学的时间和地点限制，能够更好地调整学习计划，更充分地利用碎片化的时间进行学习，提高了学习的效率和灵活性。

第二，教育应用程序的应用丰富了学生的学习资源。学生可以通过应用程序获取丰富多彩的学科内容，包括教学视频、在线课程、互动模拟等。这样的学习途径不仅提供了多元的学科信息，也使学生能够以更为直观的方式进行学科探究。教育应用程序的使用丰富了学科学习的形式，图像、音频等元素的融入，使学科知识更为生动、深刻。

第三，个性化学习路径的设计也是多样化学习途径的重要体现。教育技术通过个性化学习平台和自适应学习系统，根据学生的学科水平、学习习惯等因素，为每位学生提供个性化的学习路径。这种个性化学习的模式使得每位学生都能够在符合自己学科需求的情况下进行学习，更好地发挥其学科优势，弥补学科薄弱，提高整体学科水平。

第四，多样化的学习途径有助于促进学科理解的深化。学生可以通过多种形式的学习途径获取信息，从而更全面、立体地理解学科知识。不同的学习途径可以互相补充，丰富学科内容，提高学生对知识的领悟和运用能力。这种多元性的学科学习方式为学生提供了更广泛的视野，拓展了学科知识的广度和深度。

2.随时随地学习

教育技术的推动使得学习摆脱了时间和空间的束缚，学生能够随时随地通过电子设备进行学习，这种灵活性为学习体验带来了深刻的变革。这一变革不仅有助于满足学生的个体差异，更促进了学习的连贯性，进而提高了学习的效果。

一是，学生可以通过各种电子设备（如手机、平板、笔记本电脑等）随时随地获取学习资源。在线教育平台、学习应用程序及电子教材的普及使得学生能够在不受时间和地点限制的情况下，随时获取到丰富的学科内容。这种随时随地的学习方式为学生提供了更大的自主选择空间，能够根据自己的学习节奏和时间安排进行学习，从而更好地适应个体差异，提高学习的灵活性。

二是，随时随地地学习促进了学习的连贯性。学生不再受到传统教育场所和时间的限制，可以在不同的环境中持续进行学习。例如，在公共交通工具上、在家中、在图书馆等各种场合，学生都可以借助电子设备进行学习。这种灵活性使得学习不再被拆分为离散的片段，而是形成了更为连贯和一体化的学习过程。学生可以更自由地安排学习时间，更加贴近个体的学习需求。

三是，随时随地的学习方式也为学生提供了更多的学习机会。不受时间和空间限制，学生可以更加灵活地安排学习计划，充分利用碎片化时间进行学科学习。这有助于提高学习效率，使学生在忙碌的生活中仍能够有效地进行学习，培养自主学习的能力。同时，这也为那些有特殊学习需求或在特殊情境下的学生提供了更多的学习支持，促进了教育的包容性和公平性。

3.自适应学习系统

教育技术中的自适应学习系统是一项创新性的教学工具，其核心理念在于根据学生的学习表现，提供个性化的教学资源和支持。借助先进的数据分析和人工智能技术，这一系统能够深入了解每位学生的学科水平、学习偏好及潜在的学习难点，从而为其量身定制个性化的学习计划，有力地强化薄弱环节，提高学习效率。这种个性化的学习方式为教育领域引入了全新的范式，旨在实现更为精准、有针对性的教学。

自适应学习系统的关键优势在于其能够根据学生的个体差异量身打造教学方

案。通过对学生学习表现的实时监测和分析，系统能够识别出学生的弱点和优势所在。基于这些数据，系统不仅可以为每位学生提供恰到好处的教学资源，还能够调整难度和深度，确保学习过程既有挑战性又不至于过于困难。这种个性化的学习方式有助于激发学生的学习兴趣，提高其主动参与学习的积极性。

此外，自适应学习系统具有对学生学科水平的实时调整能力。通过不断收集和分析学生的学习数据，系统能够追踪学生在不同知识领域的发展轨迹。一旦学生掌握了某一领域的知识，系统便会自动调整学习计划，将注意力集中在尚未掌握的领域，确保学生的学科水平得到全面提升。这种实时调整的机制为学生提供了更为灵活和高效的学习路径，有助于深化学科理解。

更为重要的是，自适应学习系统通过个性化的反馈和支持，为学生提供了更为有针对性的学习辅导。系统能够根据学生在学习过程中的表现，及时发现并纠正学科知识上的误区，为学生提供个性化的解惑和指导。这种及时反馈的机制不仅有助于防止学习困难的积累，还能够激发学生对知识的主动追求，增强其自主学习的能力。

（三）增强学习深度和广度

1. 广泛的学习资源

教育技术的引入为学生提供了更为广泛的学习资源和机会，尤其通过在线学习平台，学生能够轻松获取来自世界各地的知识，从而拓宽了学习广度。这种全球化的学习环境不仅为学生提供了更多领域的知识，其还在培养跨文化的视野和理解力方面发挥着积极的作用。

在线学习平台为学生提供了无限边界的学科知识。学生可以在不受地理位置限制的情况下，通过互联网访问来自世界各地的高质量学习资源。这包括但不限于在线课程、学术论文、教学视频等。这种广泛的学科涵盖面使得学生可以深入研究感兴趣的领域，接触到更多不同学科的知识，从而实现学习广度的拓展。

在这样的学习环境中，学生有机会接触到不同文化的学科观念和学术方法。他们可以从全球范围内的专业人士和学者那里获取知识，了解不同地区的学术研究成果。这种全球化的学习环境不仅为学生提供了丰富的学科内容，还培养了跨文化的视野和理解力。学生通过学习来自不同文化背景的知识，更容易形成全面而包容的学科认知，从而更好地适应未来多元化的社会和工作环境。

此外，广泛的学习资源也为学生提供了更多的学科选择和发展方向。学生可以根据个人兴趣和职业规划，自由选择各种学科领域进行学习。这种自主选择学科的机会使得学生能更好地发现自己的兴趣所在，有助于培养他们更深层次的专业素养。通过广泛学习不同领域的知识，学生在职业发展上也能够更灵活地应对多变的市场需求。

2. 深入的学习机会

教育技术的创新为学生提供了更为深入的学习机会，其中虚拟实验和模拟软件等工具的引入为学科知识的实践性学习提供了全新的途径。这些工具使得学生能够在虚拟环境中进行实践，深入探究学科领域，这不仅提升了他们的动手能力，还培养了问题解决能力和创新思维。

虚拟实验和模拟软件为学科知识的实践性学习提供了更加灵活和安全的平台。在传统的实验室环境中，学生可能面临实验设备有限、实验材料昂贵等问题，而虚拟实验则可以模拟各种实验场景，提供更广泛的实验选择。学生可以在虚拟环境中进行多次实验，观察不同条件下的变化，从而更加深刻地理解学科知识。这种实践性学习的方式不仅丰富了学生的学科经验，还促进了其对抽象理论的具体理解。

此外，虚拟实验和模拟软件的引入也为学生提供了更为立体和多维的学习体验。通过交互式的虚拟实验，学生可以更主动地参与学科实践，探索知识的深层次应用。这种深入的学习机会不仅帮助学生更好地掌握了学科知识，还培养了他们的自主学习能力。学生在虚拟实验中面对的问题和挑战需要他们运用所学知识解决，从而促使其形成问题解决和创新思维的习惯。

实践性学习的深入还有助于培养学生的团队协作和沟通能力。在虚拟实验和模拟项目中，学生有机会与同学合作，共同完成探究性实践。这种合作方式不仅促进了知识的分享和交流，还培养了学生在团队中发挥个人优势、协同工作的能力。这些团队合作的经历为学生未来的职业生涯提供了宝贵的经验，能使其更好地适应社会中协同工作的环境。

3. 自主学习能力的培养

教育技术的创新通过在线学习平台等方式，积极培养了学生的自主学习能力。这种培养不仅使学生能够自主选择学习内容，而且促使他们制订个性化的学习计划，从而培养了学生对学习的主动性和自我管理能力。这种自主学习能力的培养不仅在当前教育环境中起到积极的推动作用，而且对学生更好地适应未来的学习和工作环境具有重要意义。

在教育技术的支持下，学生得以通过在线学习平台灵活地选择适合自己兴趣和学科需求的学习内容。这种自主选择学习内容的权利使学生更加投入学习，能够深入研究他们感兴趣的领域，激发他们的学习热情。同时，学生还能够根据个人的学习进度，自主选择适合自己的难度和深度，使学习更为高效。

与此同时，教育技术还为学生提供了自主制订学习计划的机会。学生可以根据自己的时间安排、学科目标和个人发展规划，制订灵活而个性化的学习计划。这种自主制订学习计划的过程培养了学生的自我管理和组织能力，使他们能更好地适应未来可能具有更强自主性的学习和工作环境。

此外，通过在线学习平台，学生在学习过程中往往需要更多地依赖自主学习。相较于传统教育模式，教育技术赋予学生更多的独立学习的机会。在这个过程中，学生需要更主动地探索、分析和解决问题，这培养了他们的批判性思维和问题解决能力。这种自主学习能力的培养不仅有助于学生更好地掌握学科知识，还为其将来在面对复杂、不确定性的工作环境时培养了更强的应变能力。

第三章　翻转课堂

第一节　翻转课堂的概念与原理

一、翻转课堂的概念

翻转课堂是一种教学模式，其核心理念是将传统的课堂教学过程中学生在课堂上接受新知识的时间与在家完成作业的时间进行颠倒。传统教学中，学生在课堂上被动接受知识，而在家完成作业。翻转课堂则要求学生在家预习相关知识，课堂时间则用于解答问题、讨论和实践。这一理念的核心在于将学生的学习活动从课堂延伸到家庭，提高学生在课堂上的参与度和理解力。

（一）翻转课堂的概念

翻转课堂，亦称为"Flipped Classroom"或"Inverted Classroom"（中文译为"反转课堂"或"颠倒课堂"），是一种新型的教学模式，其兴起与互联网及信息技术的快速发展密切相关。与传统课堂不同，翻转课堂提升利用先进的技术手段，使学生在课前通过观看微视频和相关资源完成自主学习任务，从而掌握单元课时的基础知识。而课堂则成为师生之间合作交流、答疑解惑的平台，致力于提高学生对知识的内化效果，培养他们灵活运用知识的能力，从而在教学过程中极大地提升了教学效果。

翻转课堂的核心理念是颠覆传统课堂教学的时间分配，将学生对新知识的学习由课堂延伸到家庭。学生通过在家自主学习，提前接触课程内容，使得课堂时间学生更加专注于理解、讨论和实践。这种模式的实施促使学生从被动接受知识的状态转变为主动参与学习的状态，培养了他们的自主学习能力和批判性思维。

翻转课堂的实施利用了先进的教育技术，如微视频、在线资源等，为学生提供了更灵活、个性化的学习途径。学生通过多样化的学习资源，能够根据自身的学习习惯和需求进行学习，提高学习的效率和深度。同时，教师在课堂上充当引导者和指导者的角色，通过及时解答学生的疑问、组织讨论和实践活动，进一步加强了学生对知识的理解和应用。

尽管翻转课堂在提高学生学习效果方面取得了显著成就，但也面临一些挑战。其中之一是学生在家学习的效果因个体差异而异，需要差异化的支持和引导。另外，教师需要具备更高水平的课堂管理和指导能力，确保课堂时间能够充分发挥互动和合作的优势。

（二）翻转课堂的特点

1. 教学视频短小精悍

在翻转课堂模式下，教学视频的设计注重短小精悍，以提供高效的学习体验。短小精悍主要体现在两个方面：视频的时长短，控制在十分钟左右，同时内容简要而紧凑，聚焦于一个或最多两个知识点。

首先，教学视频的短小有助于学生保持专注度。短时限的视频能够更好地满足学生的学习节奏，避免长时间的单一学习任务引起的疲劳和失去兴趣。将内容切分成短片段，教学视频能够更好地适应学生的学习习惯和心理特点，提高信息的吸收和理解效果。

其次，精要简练的内容设计有助于突出重点，使学生更好地理解和记忆知识。将教学视频的内容聚焦于一个或最多两个知识点，有助于防止信息过载，使学生能够更深入地理解每个知识点的要点。通过紧凑而有针对性的内容设计，教学视频更能够实现有效的知识传递，提高学生对学科知识的掌握程度。

教学视频的短小精炼设计也与认知心理学的相关理论相契合，符合学生对信息处理的认知规律。短时间内集中注意力有助于提高信息的记忆效果，而教学视频的精炼设计则有利于学生更深入地处理和理解知识。

2. 学习时间自由灵活

在传统的教学中，学习时间往往受到严格的时空限制，教学进度决定了学习时间的安排，学生和教师的活动受到固定的时间框架的制约。然而，在翻转课堂的模式下，学习时间变得更加自由和灵活。

首先，翻转课堂通过将学习内容提前以教学视频等形式呈现给学生，解放了学生在课堂外的学习时间。学生可以在任何时间、任何地点通过网络学习，根据个体差异和学习进度进行自主安排。这种灵活性使得学生更容易适应自己的学习习惯，提高了学习的效率。

其次，教师也能够更加灵活地安排课堂活动。由于学生已经在家完成了基础知识的学习，课堂时间可以更专注于解答疑问、讨论案例和进行实践活动。教师能够更加有针对性地调整教学策略，满足学生的学习需求，提升教学的实效性。

这种自由灵活的学习时间也为师生之间的互动提供了更多机会。学生在学习过程中遇到问题可以随时向教师请教，教师也能够更及时地给予指导和反馈。这种实时的互动有助于弥补传统课堂中因时间限制而难以达到的个性化教学效果，促进了师生之间更为密切的沟通与合作。

3.学生的个性化发展

在翻转课堂中，学生的知识获取不再仅仅依赖于教师课堂上的讲解，而是通过课前教师发布的学习资料进行自主学习。这一过程不仅为学生提供了更灵活的学习时间和空间，同时也为教师提供了更多了解学生学习状况的机会。

在课前学习阶段，学生通过观看教学视频、阅读相关资料等方式自主学习知识点。这样的学习模式既鼓励学生独立思考，又为他们提供了更为个性化的学习体验。学生可以根据自身的学习速度和方式选择合适的学习路径，更好地适应个体差异，促进了个性化发展。

同时，教师在这个阶段扮演了辅导和引导的角色。通过监控学生在课前学习阶段的表现，教师能够了解每位学生的知识吸收情况。针对不同学生因学习能力不同而导致的差异，教师可以提供个性化的指导和支持，包括额外的学习资源、定制的学习计划等，以确保每位学生都能够得到全面的发展。

这种个性化的指导有助于最大限度地满足学生的学科需求，促进他们在各方面的发展。通过更灵活的学习模式和个性化的辅导，翻转课堂为学生提供了更为丰富、有深度的学习体验，为他们的个性化发展创造了更多可能性。

二、翻转课堂模式在英语教学中的应用效果

基于翻转课堂的特点和有效英语课堂教学的特点，将翻转课堂运用于英语教学具有一定的现实意义，其对于提高英语课堂教学的有效性具有重要作用。

（一）评判翻转课堂模式下英语课堂教学有效性的标准

基于翻转课堂和有效课堂教学的理论，分析翻转课堂模式下的英语课堂是否符合有效课堂教学的特点，如符合则有利于提高英语课堂教学的有效性。

1.学生各方面能力的发展

（1）英语应用能力的提高

在翻转课堂模式下的英语教学中，学生通过预习教学视频、阅读相关资料等方式在课前自主学习，为课堂时间创造了更多的互动机会。这有助于提高学生的英语应用能力，使其能够更灵活地运用所学知识，应对各种语境和沟通场景。

（2）对自主学习能力的培养

翻转课堂强调学生在课前自主学习，这种学习方式培养了学生的自主学习能力。学生在独立完成学习任务的过程中，逐渐养成了自我管理、自我调节的学习习惯，提高了他们的自主学习能力。

（3）对创造性思维能力的促进

通过翻转课堂模式，学生在课堂上更多地参与讨论、互动，这激发了他们的创造性思维。教师可以设计富有启发性的问题，引导学生进行思辨和创新，提高学生的创造性思维水平，使其在英语学习中更具深度和广度。

2.充满人文色彩的课堂氛围

（1）将学生置于主体地位

有效的英语课堂应将学生置于主体地位，使其成为学习的主导者。翻转课堂通过预习任务的设定，让学生在课前主动获取知识，课堂上则更注重学生的主动参与和表达。这样的课堂设置能够更好地满足学生的个性化需求，使学生在学习中更具积极性。

（2）激励学生树立学习自信心

翻转课堂的互动性和合作性设计有助于激励学生，让他们在学习中建立自信心。通过在课堂上展示个人学习成果、分享观点，学生能够感受到自己的价值和进步，从而建立起积极的学习态度和自信心。

（3）独立探究与协作学习的有效结合

有效的英语课堂教学要允许独立探究和协作学习的有效结合。翻转课堂通过课前独立学习和课堂上的互动合作，既尊重学生的个体独立性，又促进了学生之间的相互尊重和协作。这种组合有助于培养学生的团队精神和合作意识，为其人文素养的提升提供了机会。

（二）翻转课堂模式下英语课堂教学有效性的提高

基于以上评判标准及大量的现实教学反馈，翻转课堂在推进英语课堂教学有效性上呈现出如下优势：

1.学生自主与教师协助相结合

在翻转课堂的实施中，学生拥有更大的学习自主权，能够清晰地理解学习的目的和动机。他们具备自主选择学习内容和学习方式的能力，使学习变得愉悦而深入。这种学习模式使学生能够更加自主地发展语言知识和语言应用能力。通过课前的自主学习任务，学生在课堂上能够更积极地参与讨论和互动，培养了他们的学习主动性。

同时，翻转课堂中的协作学习形式为学生提供了更多展示自己见解和分享经验的机会。学生在小组内相互协作，共同探讨学习任务，这种合作形式不仅能够激发学生的合作精神，还能够促使他们更深入地理解和运用所学知识。教师在这个过程中不仅仅是知识的传授者，更是学习的引导者和协助者。教师通过观察学生的讨论、回答问题，为学生提供必要的支持和引导，确保学生在协作学习中能够形成正确的认知。

在翻转课堂上，教师的角色更强调侧面协助与指导。教师不仅仅是传递知识的人，更是学生学习过程中的引导者。通过个别辅导和小组辅导，教师可以更好地了解学生的学习需求和困惑，提供有针对性的帮助。同时，及时的反馈和指导有助于纠正学生在学习中可能存在的错误，提高他们的学习效果。最后，对学生的学习过程和成果进行评价和总结，有助于促进学生对学科知识的科学性和准确性的认知。

2.学生多元学与教师多元教相结合

在实施翻转课堂的过程中，教师积极探索创新的英语教学方式，通过引入多样的英语课堂活动，采用各种方法和手段，旨在促进学生各方面能力的全面发展。这样的教学方法为学生提供了更广泛的选择空间，使他们能够根据个体差异和兴趣进行学习，从而保持对学习英语的持续兴趣和求知欲。

在教学中，教师通过设计富有创意和趣味性的活动，激发学生对英语学习的兴趣，采用多元的教学手段，如游戏、角色扮演、小组讨论等，使学生在互动中更好地理解和应用英语知识。这种多元的学习方式能够满足学生不同的学科需求，同时激发学生对英语学科的好奇心和探索欲。

同时，教师的多元化教学策略也体现在对学生的个体差异的充分关注上。教师通过了解每个学生的学习风格、兴趣和水平，提供个性化的学习建议和辅导，使每位学生都能够在适合自己的学习环境中取得更好的学习效果。通过差异化的教学策略，教师助力学生更好地发展各方面能力，实现个体化的学习目标。

这种学生多元学与教师多元教相结合的翻转课堂活动不仅仅是传统教学的延伸，更是一种新的交互性学习方式。学生在多元的学习环境中获得更丰富的学科体验，教师通过不同的教学方法激发学生的学习动力。这种交互性学习活动既促进了学生的自主学习，又让教师能够更好地满足学生的学科需求。

3.学生核心素养提高与教师专业能力增强相结合

翻转课堂模式为提高学生核心素养和增强教师专业能力提供了独特的机遇。英语学科的核心素养涵盖了语言能力、文化意识、思维品质和学习能力等多个方面。在翻转课堂的框架下，学生得以参与对跨文化情境的理解，用目标语言进行自然交流，并在自主学习的过程中培养全面的学科素养，这为学生核心素养的全面发展提供了良好的平台。

翻转课堂同样对教师提出了更高层次的要求，强调了教师在知识广度和深度上的全面发展。教师需要不断拓展自己的英语知识储备，以更好地引导学生进行翻转课堂中的自主学习。此外，教师还需具备灵活应变的能力，能够有效处理学生在学习过程中遇到的各种问题，为学生提供及时的支持和指导。

教师在翻转课堂中的角色也更加注重教学艺术的发挥。通过创新性的设计和组织，教师能够激发学生对英语学科的兴趣，培养其批判性思维和问题解决能力。教师在翻转课堂中的引导不仅仅是知识的传授，更注重学科素养和学习方法的培养，促使学生形成更加完善的学习体系。

第二节　翻转课堂在英语教学中的优势和挑战

一、翻转课堂与传统课堂的不同

在翻转课堂中，学生在课外学习新知识，在课内做更多有挑战的练习和任务。根据调查研究，翻转课堂与传统课堂之间的不同主要有：

（一）课前准备与学习方式的不同

1. 传统课堂中的教学准备与学习方式

在传统课堂中，教师主要负责准备教学内容，向学生布置预习作业。学生在课前通过阅读教材或其他指定资料来获取新知识，但学习进度和方式相对受限。教师通常在课堂时间进行新知识的详细讲解，学生则在课堂上接受信息。这种教学模式强调教师的角色，学生的学习较为被动。

2. 翻转课堂中的教学准备与学习方式

相比之下，在翻转课堂中，教师要求制定课前学习任务单，制作微课并上传至班级群。学生通过观看微课进行自主学习，具备更大的学习自主性。个体学习能力的不同允许学生制定适合自己的学习进度，并在自学过程中提出疑难问题。这种课前学习方式赋予学生更大的灵活性，同时促进了主动学习习惯的养成。

3. 对比分析

传统课堂注重教师对学生的引导和掌握，而翻转课堂强调学生的自主学习，它使得学习不再受到时间和空间的限制。在翻转课堂中，学生在课前通过观看微课进行预习，提前了解新知识，为课堂上的更深入学习奠定基础。这种转变强调了学生的主动性，提高了学习的效率。

（二）课中教学活动的不同

1.传统课堂中的教学活动

在传统课堂中，教师通常进行新课导入，对知识点进行详细讲解，最后布置课后作业。学生在课堂上接受教师的讲解，互动较为有限。课后作业主要用于巩固学生在课堂上所学的知识。

2.翻转课堂中的教学活动

相较而言，在翻转课堂中，学生负责对知识点进行内化吸收。课堂上，学生对不理解的问题进行讨论，师生之间及学生之间通过交流解决疑难。教师在此过程中通过课堂观察引导帮助学生，并提供个性化的指导。学生之间还会分组合作进行知识的探究，并通过小组展示的形式完成任务。这种交互性和合作性的学习方式有助于激发学生学习的兴趣和动力，培养其批判性思维和问题解决能力。

3.对比分析

传统课堂注重教师对知识的传授，而翻转课堂更注重学生在课堂上的互动和合作。翻转课堂通过提供更多的学生参与机会，促进了学生对知识的深层次理解。学生在课堂上能够更灵活地运用所学知识，通过互动解决疑难问题，培养了更为全面的学科素养。

（三）课后巩固与拓展的不同

1.传统课堂中的课后巩固与拓展

在传统课堂中，学生的主要任务是完成作业，通过作业练习来巩固和内化吸收的知识点。教师在课后批改并评价学生的作业。作业往往是对课堂上所学知识的简单重复，较少强调深度思考和拓展。

2.翻转课堂中的课后巩固与拓展

在翻转课堂中，学生在课后会继续巩固在课中遇到的疑难点。教师会提供更多的拓展练习和资源，让学生能够进行更深层次的理解。这种课后学习的方式强调了知识的巩固和深化，使学生能够更好地掌握所学内容。同时，教师通过提供个性化的拓展资源，满足学生不同层次的学科需求。

3.对比分析

翻转课堂中的课后学习更注重对知识的深度巩固和个性化拓展。学生通过完成更有挑战性的拓展练习，能够进一步拓宽知识面，培养批判性思维。相比之下，传统课堂的作业往往以简单的题目为主，强调对基础知识的重复应用，以此巩固学生对基础知识的掌握。翻转课堂通过提供更多深度和挑战性的任务，鼓励学生深入思考和探索，促使其形成更为全面的学科理解。

二、翻转课堂在英语教学中的优势探析

翻转课堂在英语教学中有多方面的优势。

（一）自主学习时间的灵活性

1.学生个体化学习时间选择

翻转课堂在英语教学中为学生提供了更灵活、自主的学习时间。相较于传统课堂，这种教学模式消除了对于固定上课时间的依赖，赋予学生更大的自主权，使其能够根据个体差异和学科难度自由选择最适合自己的学习时间段进行预习。这一自主学习时间的灵活性在多个方面体现了其优势。

其一，学生能够更好地适应个体差异。不同学生具有不同的学习习惯、生活作息和学科理解能力，传统上课时间往往难以满足所有学生的需求。而翻转课堂通过允许学生自主选择学习时间，使其能够更好地根据自身的特点和节奏进行学习，提高学习的个性化程度。

其二，翻转课堂的自主学习时间有助于更有效地管理学生的时间。学生在家预习的灵活性意味着他们可以更好地安排自己的学习时间，避免了传统课堂上固定的时间框架所带来的限制。这使得学生能够更灵活地规划学科学习的时间，提高了学习效率。

其三，根据学科难度和个体差异进行学习时间选择，使得学生更能够在最佳的认知状态下进行学习。对于一些复杂或难度较大的学科内容，学生可以选择在他们认为最为清醒和专注的时间段进行学习，从而更好地理解和掌握知识。这种个体化的学习时间选择使学生能够更好地应对学科的挑战，提高学习效果。

2.个性化学习体验

翻转课堂在英语教学中通过提供预习材料，赋予学生在家中独立学习的机会，从而创造了一种个性化的学习体验。这种个性化学习体验的核心在于学生能够根据自身的学习速度和需求进行学习，与传统的集中授课形式相比，具有显著的优势。

首先，个性化学习体验使每个学生能够在自己的舒适学习环境中进行学习。由于学生在家中独立学习，他们可以选择最适合自己的学习场所，创造出一个更

加自主和舒适的学习环境。这有助于提高学生的学习动力和专注度，使他们更好地融入学习过程中。

其次，个性化学习体验通过允许学生按照自身的学习速度进行学习，促使学生更深入地理解和掌握英语知识。传统的课堂形式通常按照固定的进度进行，难以适应每个学生的学习速度。而翻转课堂的个性化学习体验使得学生可以更灵活地安排学习时间，有助于弥补学科知识的理解差异，提高学习的深度和广度。

最后，这种个性化学习体验也培养了学生更主动、自我驱动的学习态度。学生在独立学习的过程中需要更多地依赖自己的学习意愿和方法，这培养了他们对学习的主动性和自我管理的能力。这样的学习体验有助于培养学生的自主学习能力，为其未来的学习和职业发展奠定坚实基础。

3.时间弹性提升学习效果

翻转课堂模式在英语教学中消除了传统课堂的时间限制，为学生提供了更为灵活的学习时间安排，从而极大地增加了时间弹性，有助于提升学习效果。学生可以根据个体差异和学科难度，有针对性地选择最适合自己学习的时间段进行预习和学习活动。

首先，这种时间弹性的提升体现在学生可以更好地利用个体高效学习的时间段。由于翻转课堂不再受制于传统上课时间，学生有更大的自主权来规划学习进程。这允许学生根据个体的学习习惯和效率高峰时段，选择最为适宜的学习时间。相较于传统课堂模式，这种个性化的时间安排更符合学生个体差异，为他们提供了更为良好的学习条件。

其次，时间弹性的提升有助于提高学生对英语学科的专注度。学生可以在自认为最为精神饱满和专注的时间段进行学习，避免了传统上课时间可能出现的学习疲劳和注意力不集中的情况。这样的时间安排能够使学生更为全情投入学习，提高学科专注度，从而促进深度思考和更为有效的知识吸收。

最后，学生通过更有针对性的时间安排，能够在更为宽松的时间框架内完成学习任务，避免了时间紧迫感对学习的压迫，提高了深度学习的机会。学生在自主规划的时间内可以更充分地进行阅读、思考、讨论等学科活动，从而更好地理解和掌握英语知识。这样的学习方式使得学生能够更加深入地思考学科内容，为知识的长期掌握和应用奠定了坚实基础。

（二）课堂互动与实践的强调

1.强化口语表达和沟通能力

翻转课堂在英语教学中强调课堂时间更侧重于互动与实践，从而为学生提供更为丰富的口语表达和沟通机会。通过在家预习获取基础知识，学生在课堂上得以专注于深入的讨论、实践活动及与同学的交流。这种课堂互动的环境不仅为学生提供了更多运用英语口语的机会，同时也在多方面培养了学生的语言技能和综合能力。

一是，翻转课堂的互动性课堂环境有助于培养学生的批判性思维。在深入的讨论中，学生需要分析、评估和表达自己的观点，这促使他们在语言运用中更深层次地思考，提高了批判性思维水平。这对于培养学生全面发展的语言能力具有重要的意义。

二是，课堂的实践活动强化了学生的团队协作能力。通过与同学共同完成任务、解决问题，学生不仅在语言交流中增进了相互理解，也提高了协作与沟通的技能。这种团队协作对于英语学科的学习而言，更是培养了学生在团体中自信地运用英语表达自己观点的能力。

三是，互动性课堂环境还提升了学生的表达能力。在讨论和实践中，学生需要清晰地表达自己的想法，用准确的语言传达观点。这种实践不仅有助于提高学生的口语表达能力，还使其更加熟练地运用英语语言结构和词汇，增强了语言的表达流利度。

2.提高实际应用能力

翻转课堂的核心理念在于将学生从被动的知识接收者转变为积极参与学习的主体。这一教学模式的重点之一是通过实践活动促使学生更好地将所学的英语知识应用于实际场景，从而培养他们在实际语境中灵活运用英语的能力。这种实践导向的学习方式为学生提供了更贴近实际应用的英语学习体验，具有显著的学术价值。

通过翻转课堂，学生不再仅仅是被动地吸收知识，而是通过在家预习获取基础知识后，将课堂时间用于实践活动。这些实践活动可以包括模拟对话、角色扮演、实地调研等，使学生在真实场景中运用所学的英语知识。通过这些实践性的学习活动，学生能够更深入地理解和掌握英语，将知识转化为实际应用的技能。

这种实践导向的学习方式有助于培养学生在实际语境中使用英语的能力。在实际场景中，学生不仅需要运用语法和词汇，还需要考虑语境因素、交际技巧等。通过参与各种实践活动，学生能够更全面地培养语言技能，提高在实际生活中使用英语的信心和能力。这种能够直接应用于实际的学习体验对于学生的综合素质和职业发展都具有积极的意义。

此外，实践活动也为学生提供了更贴近职场需求的英语学习体验。在现代职场中，能够在实际工作场景中运用英语进行沟通和合作是一项重要的能力。通过参与实践活动，学生可以更好地锻炼这种职场实际应用的能力，为将来的职业发展做好准备。

（三）多媒体资源的应用与语境拓展

1. 丰富语言环境的创造

翻转课堂通过引入多媒体资源，如视频、音频和在线交互式教材，为学生创造了更为丰富的英语语境。相对于传统教学中主要依赖书本和教材的方式，多媒体资源的引入在语言学习中具有显著的优势。这一教学模式不仅能够激发学生的学习兴趣，而且使他们更深入地接触到真实的语言使用场景，从而提高对英语的感知和理解水平。

一是，多媒体资源的引入丰富了学生的学习体验。通过视听的方式呈现英语语境，学生在观看视频、听取音频及参与在线交互式教材的过程中能够更全面地感知语言的实际运用。这种沉浸式的学习方式使学生更容易投入学习，激发了他们对英语学习的主动性和积极性。

二是，多媒体资源的应用丰富了英语学科的内容。通过生动的图像、真实的语音，学生能够更生动地感受英语语言的表达方式。在线交互式教材则提供了更多参与性的学习体验，学生可以通过互动操作更深入地理解和应用所学的知识。这种多媒体资源的应用不仅使学生在学习中获得更直观的语言体验，同时也促进了教学内容的多样性。

三是，多媒体资源的引入还强调了英语的实际运用场景。通过观看真实的英语交流场景、听取地道的发音，学生更容易理解英语在实际应用中的语境和语言规范。这有助于提高学生对英语的感知水平，使他们更为熟悉和自如地运用英语进行交流。

2. 拓展学科知识广度

多媒体资源的应用在英语教学中不仅为学生提供了更生动、直观的学习体验，同时也在拓展学科知识的广度方面具有显著的作用。通过观看视频、听取音频，学生得以更全面地了解不同语境下的英语使用方式，从而丰富其语言知识体系，为更高层次的学习奠定坚实基础。

第一，多媒体资源的引入为学生提供了多样的学科内容。通过丰富的视频资料，学生能够接触到不同主题、不同背景下的英语表达方式。这种多样性有助于拓展学生对于英语应用领域的认识，使他们更全面地了解语言的实际运用。例如，通过观看专业领域的英语演讲或访谈视频，学生可以更深入地了解特定领域的专业术语和表达方式，提高其在该领域的语言素养。

第二，多媒体资源的应用能够拓展学科知识的深度。音频资源可以为学生提供地道的发音和语音模型，使其更准确地掌握语音规律。同时，视频资源能够呈现真实的情境，帮助学生理解不同语境下的语言使用方式。这种深度的学科知识拓展有助于培养学生更高水平的语言运用能力，使其在实际生活和专业领域中更为游刃有余地运用英语。

第三，多媒体资源的应用还能够加强学科知识的互动性。在线交互式教材的使用使学生能够更积极地参与学科知识的构建和探究。通过与多媒体资源进行互动，学生可以根据自身兴趣和需求深入学习特定领域的知识，形成更为自主、有深度的学科认知结构。

3.提升学生学科综合素养

多媒体资源的引入不仅使学生在学习英语的过程中获得语言知识，同时也让他们涉足技术应用和信息获取的领域，从而全面提升学科综合素养。这种综合素养的培养不仅有助于学生更好地适应信息时代的发展趋势，而且提高了他们多方面的能力，使英语教学更具有综合性和实用性。

一是，多媒体资源的引入培养了学生的技术应用能力。在使用视频、音频和在线交互式教材的过程中，学生需要掌握相应的技术工具和平台，学会使用多媒体资源进行有效学习。这种技术应用的培养使学生在英语学习中具备了更为广泛的技能，为他们在未来的学习和工作中更灵活地利用技术提供了基础。

二是，多媒体资源的使用激发了学生的信息获取能力。通过在网络上查找和筛选相关学习资料，学生能够培养在海量信息中获取有效信息的能力，提高信息识别和评估的水平。这种信息获取能力的培养不仅对英语学习具有积极影响，也为学生在其他学科领域的学习提供了有力的支持。

三是，多媒体资源的引入促使学生形成跨学科的学习观念。在学习英语的同时，学生可能涉及科技、文化、社会等多个领域的知识，从而形成对多学科的综合理解。这种跨学科的学习观念使学生更加全面地认识到知识之间的联系，提高了他们的学科综合素养。

三、翻转课堂在英语教学中的挑战

（一）学生个体差异导致预习效果不同

1.学生学科水平和学习能力差异

在翻转课堂模式下，学生在家进行预习，然而由于个体差异，学科水平和学习能力的差异也显著存在。这意味着一些学生可能因为自身学科基础较差或学习动力不足而无法充分理解预习内容，从而影响到后续课堂学习。解决这一挑战的关键在于教师在翻转课堂设计中，充分考虑到不同学生的起点，并提供个性化的学习支持。

首先，学生在进行预习时，其学科水平的差异可能导致对预习内容的理解程度不同。一些学生可能因为在特定学科领域的基础较差，对相关知识点的理解相对薄弱。相反，一些学生可能在该领域已有较为扎实的基础，对预习内容能够更深入地理解。这种差异可能在课堂学习时显现出来，影响学生的学科进度和深度。

其次，学习能力的差异也是翻转课堂中需要面对的挑战。一些学生可能因为学习动力不足、学习方法不当等，在家预习时无法有效吸收和理解相关知识。这样的学生在课堂上可能会感到落后，难以跟上教学进度，从而导致学习效果的下降。因此，如何激发学生的学习兴趣和提高学习效率成为翻转课堂设计中需要考虑的重要方面。

2. 家庭环境和学习资源的差异

学生在家进行预习的效果除了受到个体差异的影响外，还受到家庭环境和学习资源的显著差异影响。一些学生可能面临家庭环境不利于学习的情况，缺乏必要的学习资源，从而导致其在预习阶段学习质量不高。解决这个问题需要学校和教育机构提供相应的支持措施，确保每个学生都能够获得平等的学习机会。

首先，家庭环境对学生在家预习的效果产生直接而深远的影响。一些学生可能生活在家庭环境不稳定、噪声较大或缺乏学习氛围的情况下，这些因素都可能影响学生在家中集中注意力进行预习的能力。相反，一些学生可能处于相对安静、有利于学习的家庭环境中，其在预习过程中更容易保持学习效果。因此，家庭环境的差异可能导致学生在预习时面临不同程度的学习干扰，从而影响了其预习的深度和效果。

其次，学生在家预习所需的学习资源也可能存在差异。一些学生可能因为家庭经济状况或地理位置等原因，无法获得足够的学习资源，例如计算机、网络连接或丰富的图书资料。相比之下，一些家庭可能提供了更丰富的学习条件，学生可以更轻松地获取所需的学习资源。这种差异可能导致学生在预习过程中所能够接触到的信息量和质量存在差异，从而直接影响到他们在课堂学习中的水平和参与度。

3. 对预习任务的理解和执行能力

学生对预习任务的理解和执行能力是影响翻转课堂效果的重要因素。然而，由于年龄、学科难度等多方面因素的影响，有些学生可能在这方面面临一定的困难。在设计预习任务时，教师应当综合考虑学生的认知水平，为其提供清晰的指导和支持，以确保学生能够有效地完成预习，为课堂互动打下基础。

首先，学生的年龄和认知水平会对预习任务的理解产生直接影响。年幼的学生可能独立完成预习任务的能力较弱，需要更为具体和直观的任务设计以引导其进行有效学习。相对而言，高年级学生可能具备更强的自主学习能力，但在面对复杂抽象的学科内容时仍可能需要额外的指导。因此，教师在设计预习任务时需充分考虑学生的年龄特点，提供符合其认知水平的任务内容。

其次，学科难度对于学生对预习任务的理解和执行能力也有显著影响。对于较为简单和熟悉的学科内容，学生可能更容易理解和完成预习任务；而对于较为复杂或新颖的学科内容，学生可能需要更多的时间和指导才能充分理解。因此，在设计预习任务时，教师需要根据学科难度调整任务的深度和难度，以确保任务既有一定的挑战性，又不至于过于困难，使学生能够在预习中取得实质性的学习成果。

（二）课堂时间的有效利用需要教师更高水平的指导和管理能力

1. 个性化指导的难度

在翻转课堂中，个性化指导是提高学生学习效果的重要策略之一，然而，在大班教学中，为每个学生提供个性化的支持面临着一系列的挑战。教师需要克服这些挑战，借助技术手段、灵活的教学方法及合理的学科知识评估，以确保每个学生都能够充分参与学习。

首先，大班教学中学生数量众多，学科知识差异较大，这使得教师在进行个性化指导时面临一定的难度。每个学生的学科水平、学习风格、兴趣点都可能存在较大差异，因此，提供符合每个学生需求的个性化指导变得相当复杂。为解决这一问题，教师可以借助现代技术，使用在线学习平台或教育应用，通过个性化的学习路径、自适应性教材等方式，为学生提供量身定制的学习体验。

其次，个性化指导还需要考虑到学生的学习进度和能力发展。在大班教学中，学生的学习进度可能有较大差异，有些学生可能需要更多的时间来理解和掌握知识，而有些学生则可能具有较快的学习进度。为了应对这一挑战，教师可以利用学科知识评估工具，对学生的学术水平进行定期评估，以便更好地了解每个学生的学习进展，从而有针对性地调整个性化指导计划。

最后，灵活的教学方法也是实现个性化指导的关键。教师可以采用多元化的教学策略，包括小组合作、个别辅导、项目式学习等，以满足不同学生的学习需求。

通过灵活运用不同的教学方法，教师可以更好地适应大班教学的复杂情境，实现个性化指导的目标。

2.课堂管理的复杂性

翻转课堂模式下，课堂时间更加侧重互动和实践，这使得教师在课堂管理方面面临着更为复杂的挑战。教师需要在保持学生参与度的同时，有效地引导讨论、组织实践活动，并确保每个学生都能够获得足够的关注。这要求教师具备更高水平的组织和管理能力，以应对翻转课堂模式下的教学挑战。

一是，翻转课堂要求学生在家进行预习，而课堂时间主要用于互动和实践。这意味着教师需要在有限的课堂时间内充分利用每一分钟，确保学生能够在课堂上积极参与、深入讨论。因此，课堂管理需要更加紧密地与教学内容相结合，确保学生在实践中能够深入理解和应用所学知识。

二是，引导讨论和组织实践活动是翻转课堂中至关重要的环节。教师需要善于激发学生的思考，引导他们展开有深度的讨论，促使学生在课堂上积极交流和分享。同时，组织实践活动也需要精心设计，以确保学生能够在实际操作中巩固所学知识，提高实际应用能力。这就要求教师在课堂管理中更加注重灵活性和创造性，根据学生的反馈和情境调整教学计划。

三是，确保每个学生都能够获得足够的关注也是翻转课堂下课堂管理的挑战之一。由于学生在家预习的时间和深度可能存在差异，教师需要在课堂上关注每个学生的学习进展，及时解决他们可能遇到的问题，确保每个学生都能够跟上课程的进度。这需要教师在管理课堂时保持高度的敏感性和责任心，关注学生个体差异，提供个性化的支持。

因此，翻转课堂模式下的课堂管理具有更大的复杂性。教师需要在有限的时间内高效组织学生的学习活动，同时关注每个学生的学习过程，确保课堂的互动和实践达到预期的教学效果。

3.及时反馈的重要性

在翻转课堂的教学模式中，及时反馈被认为是学生学习过程中至关重要的一环。然而，教师在有限的课堂时间内需要为每个学生提供有效的反馈，这要求他们具备高效的评估和反馈能力。培养教师在翻转课堂中的这些技能不仅仅关乎学生的学习效果，同时也是确保课堂时间有效利用的关键。

第一，及时反馈在翻转课堂中对学生的学习起到了指导和调整学习方向的作用。由于学生在家进行预习，课堂时间主要用于互动和实践，教师在及时反馈中能够关注学生在预习阶段可能遇到的问题，以及对于学科知识的理解程度。这有助于及时纠正学生可能存在的误区，引导学生在课堂上更有针对性地进行学习。

第二，及时反馈能够促使学生更加主动地参与学习过程。学生在得知自己的学习状态和表现后，能够更清晰地了解自己的优势和不足，从而有目标地进行学习调整。这不仅培养了学生的自主学习意识，也促进了他们在翻转课堂中更加积极主动的学习态度。

第三，及时反馈还有助于建立教师与学生之间的有效沟通机制。通过在学习过程中及时地与学生进行沟通和反馈，教师能够更好地了解学生的学习需求和问题，为个性化指导提供有力支持。这种沟通机制有助于形成良好的师生关系，提高学生对教学内容的接受度和理解度。

（三）个性化支持和精心设计的课程内容的需求

1. 个性化支持的重要性

在翻转课堂的教学环境下，面对学生个体差异和家庭背景的多样性，个性化支持显得尤为重要。教育机构应该制定相应的政策和措施，以确保每个学生都能够得到适应其学习需求的个性化支持。这涉及在翻转课堂中为学生提供额外的学科辅导、家庭学习资源支持等，以满足他们的个性化需求。

首先，个性化支持能够更好地满足学生的学科差异。由于学生在家预习的时间和深度可能存在差异，一些学生可能在某些学科领域表现更为优秀，而在其他领域可能存在较大的困难。通过提供个性化的学科辅导，教育机构可以有针对性地帮助学生弥补在某些学科上的不足，促进他们在全方位的学科知识上的均衡发展。

其次，个性化支持还可以关注学生在学习上可能遇到的困难和挑战。有些学生可能由于学科基础薄弱、学习动力不足等，对于翻转课堂中的学习任务难以完成。通过提供个性化的学习资源支持，教育机构可以帮助这些学生更好地理解和掌握知识，提高他们的学科水平和学习动力。

最后，个性化支持还需要关注学生的学习风格和习惯。每个学生都有独特的学习方式和喜好，对于教学内容的接受方式也存在差异。通过了解学生的个性化学习需求，教育机构可以提供更适应学生学习风格的教学资源，从而提高他们的学习效果。

在实施个性化支持时，教育机构可以采用多种方式。例如，设立学科辅导小组，由专业教师或学科专家为学生提供有针对性的辅导服务；建立家庭学习资源平台，为家庭提供更多支持，使学生在家中也能够得到个性化的学习帮助。这些措施的实施不仅需要教育机构的管理者深刻理解学生的需求，还需要教师具备灵活性和个性化支持的实施能力。

2.课程内容的设计与学科知识结合

翻转课堂的成效在很大程度上取决于教师对课程内容的精心设计。教师在这一过程中需要仔细考虑预习任务和课堂活动,确保它们与学科知识形成有机结合。这要求教师不仅具备较高水平的学科专业知识,还需要深刻理解学生对知识的理解和掌握程度。通过精心设计的课程内容,教师可以激发学生的学习兴趣,提高他们的学科素养。

一是,教师需要具备深厚的学科专业知识。只有通过深入了解学科领域的核心概念、重要原理及最新研究进展,教师才能够为学生提供有深度、有广度的学科内容。这不仅有助于培养学生对学科知识的全面理解,也使得预习任务和课堂活动更具学科深度。

二是,教师需要对学生的理解和掌握水平有敏锐的洞察力。通过了解学生的学科背景、学科水平及学习风格,教师可以更有针对性地设计课程内容,确保它们既符合学科难度,又能够激发学生的学习兴趣。这种个性化的设计有助于提高学生对课程内容的接受度和理解度。

三是,预习任务和课堂活动的设计需要考虑到学生的学习过程。在翻转课堂中,学生在家预习课程内容,因此预习任务的设计需要引导学生掌握基础知识,为课堂互动提供必要的前提。而课堂活动则应该更注重深入讨论、实践和交流,以巩固学生的学科知识,培养他们的批判性思维和团队协作能力。

四是,教师的反馈机制也是课程内容设计中的重要一环。通过及时有效的反馈,教师可以了解学生在学科知识掌握上的问题和困惑,从而调整课程内容,更好地满足学生的学习需求。这种循环的设计有助于提高教学质量,使得学生在翻转课堂中能够更好地吸收和运用学科知识。

3.教育技术工具的合理应用

在翻转课堂的实施中,充分获得教育技术工具的支持至关重要,然而,如何合理应用这些工具成为一项挑战。教师需要不断更新自己的技术技能,精心选择适合学科特点和学生需求的教育技术工具,以提升翻转课堂的效果。同时,教育机构应提供相应的培训和支持,以帮助教师更好地利用技术手段。

教育技术工具的合理应用涉及多方面的考虑。首先,教师需要了解各种教育技术工具的特点和功能,确保选择的工具与教学目标相契合。例如,可以利用在线教学平台进行预习任务的布置和学生作业的管理,或者引入多媒体资源来提供生动直观的学科知识呈现。因此,教师需要具备不断学习和适应新技术的能力,以更好地支持翻转课堂的教学。

其次，考虑到学科特点和学生需求，选择适当的教育技术工具对于提高学生学习兴趣和效果至关重要。不同学科可能需要不同类型的工具支持，例如，语言类课程可以使用在线语言学习平台，数学类课程可以利用交互性的数学软件。同时，需要关注学生的数字素养水平和学科认知能力，选择能够促进他们主动参与学习的工具。

教育机构在提供培训和支持方面也扮演着关键角色。为教师提供定期的教育技术培训，使其了解最新的技术趋势和教育应用，有助于提高教师的技术素养。此外，教育机构还可以建立技术支持团队，及时解决教师在使用技术工具过程中遇到的问题，确保翻转课堂的平稳运行。

第三节　翻转课堂与混合式教学的关系

一、翻转课堂与混合式教学的融合点

（一）强调学生的主动性和互动性

翻转课堂和混合式教学两种教学模式均强调学生的主动性和互动性，从而促进更深层次的学习和知识理解。翻转课堂通过预习的方式培养学生的主动学习意识，使他们能够在课堂上更加深度地参与互动和实践。通过在家自主学习，学生提前接触到相关知识点，为课堂上的互动奠定了基础。这一模式激发了学生对知识的主动追求，使其在学习过程中成为信息的筛选者和思考者。

另外，混合式教学强调在线和线下的互动。通过在线平台，学生参与课程内容的讨论、合作项目等活动，这种互动性不仅仅局限于课堂内，还延伸至虚拟学习社区。这种设计促进了学生之间的交流和合作，营造了更加开放、灵活的学习环境。学生通过参与各种互动活动，不仅在知识上得到了拓展，同时也培养了团队协作和沟通技能。

两者的共同点在于都强调学生在学习中的主动性和互动性。无论是通过提前自主学习还是在线和线下的互动，学生都被视为学习过程的积极参与者。这一理念认为学生应当在知识获取和应用中扮演更为主动的角色，通过与教师和同学的互动，实现知识的更深层次理解。因此，翻转课堂和混合式教学的设计都旨在打破传统的一刀切教学模式，鼓励个性化学习路径，使学生更好地适应个体差异和学科特点。

（二）利用信息技术提供多样化学习资源

翻转课堂和混合式教学两种教学模式都在教学中充分利用了信息技术，通过数字化手段提供多样化的学习资源，为学生提供更为生动、直观、丰富的学科知识。在翻转课堂中，引入了多媒体资源，例如教学视频和在线交互式教材等。这些资源以图文、音视频等形式呈现，为学生提供了更直观的学科知识展示。通过多样化的媒体形式，学生能够更好地理解和吸收学科内容，从而提高学习效果。这一举措也强调了学生在自主学习中的主动性，使他们更灵活地掌握知识。

另外，在混合式教学中，借助在线学习平台和数字化教材等，学生可以获取到更为多元化的学科资源。这些资源包括了丰富的学科内容、视频资料、音频资源等，通过不同的形式呈现，学习更具趣味性和多样性。数字资源的引入不仅使得学科知识更具实用性，同时也拓展了学生的学习内容，使其更全面地了解所学学科。这种多样化的学科资源的提供在混合式教学中起到了促进学生深度参与的作用。

两者在信息技术的应用上存在共同之处，都以数字化手段为媒介，为学生提供了更为多元化、实用化的学科知识。这种共同点反映了教育领域对于信息技术的充分应用，以提高学科教学的灵活性和效果。通过数字化的手段，教育模式变得更加互动和生动，学科知识以更直观的方式传递给学生，促使他们更深度地理解和运用所学内容。

（三）灵活组织线上和线下学习活动

翻转课堂和混合式教学这两种教学模式在组织线上和线下学习活动时都注重灵活性，通过创新的方式打破传统的学习模式，使学生能够更自主地选择学习的时间和地点，从而取得更好的学习效果。

在翻转课堂中，通过预习的方式，学生在家中独立学习，提前接触到知识点，为课堂上的深度讨论和实践创造了条件。这使得教师能够更灵活地组织课堂上的互动环节，促使学生运用已学知识进行实践。这种灵活性让学生在课堂上能够更深度地参与互动，展开有针对性的讨论，从而更好地理解和掌握学科知识。

同样，在混合式教学中，学生可以通过在线学习平台完成一部分学习，而在课堂上进行实际操作和讨论。这种分层次的学习方式使得学生能够更自主地选择学习的时间和地点，具有更大的学习灵活性。学生可以在自己认为最适合学习的环境中进行在线学习，然后在课堂上与教师和同学进行更深入的学科交流和实践活动。

这两种教学模式共同突破了传统的学习框架，强调学生在不同的学习环境下取得更好的学习效果，通过创新的教学方式，提高了学生的学习主动性和参与度，使学科知识更生动、直观地传递给学生。

二、共同点与差异点的比较

（一）共同点：打破传统教学模式

1. 翻转课堂的个性化教学

翻转课堂作为一种教学模式，强调个性化教学，旨在更好地满足学生的个体差异和学科特点。该教学方法鼓励教师采用差异化的教学策略，以更好地适应学生的学习需求。

在翻转课堂中，学生在家进行预习，提前接触到学科知识，这为课堂上的个性化互动打下了基础。课堂时间变得更加灵活，教师可以更充分地关注每个学生的学习过程，倾听他们的问题和疑惑。通过个性化的互动环节，教师可以深入了解每个学生的学习状况，为他们提供有针对性的指导和支持。

个性化教学在翻转课堂中体现为对学生不同学科能力、学科兴趣和学习风格的尊重。教师可以根据学生的个体差异调整课程内容和教学方法，提供更符合学生需求的学习体验。这种差异化的教学方式有助于激发学生学习的积极性，提高他们的学科素养。

2. 混合式教学的因材施教

混合式教学模式注重因材施教，致力于通过整合线上和线下教学资源，为学生提供更为灵活的学习方式。这一教学理念强调教师根据学生的个体差异和学科水平，采用差异化的教学方法，以更好地满足学生的学习需求。

在混合式教学中，线上学习平台、数字化教材等资源的运用使得教学变得更加灵活。学生可以根据自身的学习进度和兴趣，在线上进行自主学习。教师通过分析学生在线上学习的表现，了解他们的学科掌握情况和学习需求。这为因材施教提供了更为丰富的信息基础。

因材施教在混合式教学中不仅表现为对学科水平的差异化关照，还体现在对学生学习风格和兴趣的个性化关注。通过线上学习平台，教师可以为学生提供多样化的学科资源，满足不同学生的学科兴趣。这有助于激发学生对学科的兴趣，提高他们的学科素养。

教师在混合式教学中还可以通过线下的实际操作和互动讨论，更全面地了解学生的学习状况。通过因材施教，教师能够更好地引导学生，帮助他们克服学科难点，拓展学科广度，实现个体化的学科发展。

（二）差异点：学习时间分配与教学资源整合

1.翻转课堂的学习时间分配

翻转课堂作为一种革新性的教学模式，彻底颠覆了传统的学习时间分配方式。传统课堂往往以教师为中心，注重知识的传授和学生的接受，而翻转课堂则强调将学习的主动权交还给学生，使课堂更加注重互动和实践。

在翻转课堂中，学生的学习过程始于家庭预习。这一步骤的目的是让学生在课堂上能够更深入地参与互动和实践。通过在家预习，学生提前接触到即将学习的知识点，为课堂上的问题解答、讨论和应用奠定了基础。这种学习时间的重新分配使得学生能够更主动地参与课堂活动，而不仅仅是被动地接受信息。

课堂时间在翻转课堂中被最大限度地解放，不再被用于传统的讲解环节。取而代之的是，教师能够更灵活地组织问题解答、小组讨论、实际应用等活动，引导学生深度思考和互动交流。这种变革旨在激发学生的学习兴趣，培养其批判性思维和问题解决能力。

翻转课堂的学习时间分配方式强调的是学生在课堂内的实际运用和互动，而不再是仅仅坐在教室里听讲。这样的转变有助于学生更好地理解和应用知识，培养其实际问题解决的能力。

2.混合式教学的教学资源整合

混合式教学作为一种新兴的教学模式，其核心特点之一在于更为灵活地整合线上和线下的教学资源，为学生提供更丰富、灵活的学习方式。这种整合性的教学模式旨在打破传统教学的界限，将线上和线下学习资源有效结合，以满足不同学生的学习需求和提高教学效果。

在混合式教学中，学生不再受制于传统课堂的教学方式，而是能够通过在线平台获取多样化的教学内容。这可以包括数字化教材、网络课程、教学视频等，为学生提供了更加直观、生动的学科体验。通过线上资源，学生可以在自己的节奏下学习，更好地适应个体差异，从而提高学科素养。

与此同时，混合式教学倡导在课堂上进行实际操作和讨论，充分发挥线下教学的优势。这种教学方式能够促进学生之间的互动与合作，加强实际问题解决和实践能力的培养。教师可以更灵活地组织课堂活动，包括小组讨论、实验、案例分析等，使学生在集体协作中更好地理解和应用知识。

混合式教学的教学资源整合不仅仅是将线上和线下资源简单相加，更是通过创新性的整合，创造出一种更为综合、多样的学科体验。这有助于满足学生个体差异，提升学习的灵活性和质量。整合性的教学资源在混合式教学中扮演了关键角色，为学生提供了更为全面的学科内容，培养其综合素质和实际应用能力。

（三）差异点：教学设计和学习环境构建

1. 翻转课堂的教学设计

翻转课堂的教学设计聚焦于课堂内的深度学习和互动，旨在通过提前预习，使学生在课堂上参与更深层次的讨论和实践活动，以更好地理解和应用知识。这一教学模式的设计突破了传统课堂的局限，强调学生在学习过程中的主动性和深度思考。

教学设计的首要目标是激发学生对知识的浓厚兴趣。通过提前预习，学生在课堂上能够带着问题和思考参与讨论，从而培养他们主动学习的意识。教师通过选择富有启发性的学科内容，鼓励学生深入挖掘、主动探索，从而达到引导学生主动学习的效果。

在课堂互动环节，教师扮演着引导者和促进者的角色，通过巧妙设计问题，引导学生深度思考和交流。讨论环节可以涉及知识的拓展、案例分析、问题解决等多个方面，旨在培养学生批判性思维和团队合作能力。这种教学设计不仅仅是对课程内容的传授，更是对学生综合素质的培养。

实践活动是翻转课堂教学设计的重要组成部分。通过实际操作，学生将理论知识应用于实际场景，进一步巩固所学内容。实践活动可以包括实验、场地考察、模拟项目等形式，使学生在动手实践中更好地理解和消化知识。

2. 混合式教学的学习环境构建

混合式教学强调学习环境的构建，这一构建过程包括在线学习平台、虚拟实验室等多方面的因素。通过巧妙整合线上和线下的学习资源，混合式教学为学生提供了更灵活、多样的学习选择，旨在创造一个更适应学生需求的学习环境。

在线学习平台是混合式教学中关键的组成部分。通过这些平台，学生可以随时随地访问学科资源，包括教学视频、电子教材、在线测验等。这种无时空限制的学习方式有助于满足学生个体差异，让每位学生更自主地安排学习进程。

虚拟实验室是混合式教学环境中的一项创新。通过模拟实验场景，学生可以在虚拟环境中进行实际操作，不受时间和地点的限制。这种虚拟实验室为学科实践性学习提供了更多可能性，特别是在某些实验设备昂贵或有限的情况下，其能够有效弥补实验资源的不足。

教学资源的多样性和适应性是混合式教学学习环境构建的重要特点。通过整合不同形式的教学资源，学生可以通过阅读、观看、实践等多种方式更全面地理解知识。教师可以根据学科性质和学生需求选择最合适的资源，从而提供更富有启发性的学习体验。

整合线上和线下学习环境使学生能够更灵活地选择学习方式和时间。学生可以通过线上平台预习课程内容，然后在线下课堂上进行更深层次的讨论和实践。这种交替的学习环境有助于激发学生的学习兴趣，提高学科知识的吸收和理解。

三、基于翻转课堂的高校英语混合式教学模式

（一）合理设计英语混合式教学模式

1. 翻转课堂混合式教学模式的有效研究

（1）区别传统教学模式的创新思维

在设计混合式教学模式时，我们的首要任务是根据翻转课堂的理念重新思考传统教学模式的不足之处，并提出创新性的教学理念。教师需要明确混合式教学的核心概念，强调学生在学习中的主动性和互动性，打破传统模式中的单向传授。通过有效研究，教师可以更好地理解混合式教学的理论框架，为实际教学提供坚实的理论基础。

（2）结合学生实际情况的个性化教学设计

了解学生的学科水平、学习风格和英语水平等个体差异，是混合式教学设计的重要前提。教师应该以学生为中心，设计具有个性化特色的学习任务和活动。通过有效研究，教师可以获取学生的学科水平数据，为个性化教学提供科学依据，从而更好地满足学生的学习需求。

（3）促进学生积极参与的教学方案

混合式教学强调学生在学习中的积极参与，因此教师需要设计能够激发学生兴趣和主动性的教学方案。通过研究学生的学科兴趣、学科认知和学科动机等方面的数据，教师可以更有针对性地设计吸引学生的学习内容和活动，提高学生的学科参与度。

2. 教师与学生的互动过程

（1）保证教学的完整性

在混合式教学中，教师需要通过有效研究确保教学的完整性。这包括讲解学习目标、学生自主预习、观看网络课程、自主搜集网络学习资源、开展小组合作、教师答疑解惑、评价学生的学习情况及实践活动等多个方面。通过科学的研究方

法，教师能够更好地制定每个环节的教学策略，保证教学过程的顺利进行。

（2）学生自主学习的激发

混合式教学模式中，学生自主学习是关键环节。通过研究学生的学习习惯和自主学习的能力，教师可以制定切实可行的预习任务，激发学生对英语学科的主动探索兴趣。在学生自主学习的过程中，教师需要为学生提供指导和支持，确保学生能够有效地进行预习和自主搜集学习资源。

（3）实践活动的设计

混合式教学强调将学到的知识应用于实际情境中。通过研究学生的实际需求和兴趣，教师可以设计具体的实践活动，促使学生在真实的语境中运用英语。这不仅增加了学科的实用性，也提高了学生的学科认知水平。

（二）开展个性化英语教学

1.个性化英语混合式教学模式的理念灌输

（1）学生为主体的教学理念

在混合式教学中，将学生置于学习的核心地位是个性化教学的关键。教师需明确学生的个体差异，注重学生的主动参与和建构知识的过程。通过深入研究学生的学科水平和学科兴趣，教师制定灵活的教学方案，以学生为主体实现英语教学的个性化。

（2）个性化教学方案的制定

基于深入研究，教师可以针对学生的学科差异和学科需求，制定具体而个性化的教学方案。考虑到每位学生的知识积累、批判性思维和语言学习能力，个性化方案将更好地满足学生的学习需求，确保他们在学科中得到全面发展。

（3）和谐而民主的教学特征

个性化教学的实现需要创造和谐而民主的学习环境。教师通过关注学生的个体差异，鼓励学生在教学过程中表达自己的意见，形成自主、合作的学习氛围。这样的教学特征有助于发展学生的个性和潜能。

2.学生个性的深度挖掘

（1）综合考查学生的学科水平

为了更好地了解学生，教师在混合式教学中进行全面的考察。这包括学生的英语表达能力、学科兴趣、批判性思维等多个方面。通过科学的研究手段，教师可以更全面地了解学生的学科水平，为个性化教学提供有力的支持。

（2）问题分析与改进方案

分析学生在翻转课堂模式下的表现，教师可以识别学生存在的问题，并提出切实可行的改进方案。不同学生可能面临的问题有所不同，比如英语表达能力的欠缺、对学科的浅显理解等。个性化改进方案则会更有针对性地满足每位学生的需求。

（3）引导学生价值研究

通过在学生自学和线上学习的时间里提供学习内容，教师引导学生对英语学习的价值进行深入研究。利用优秀学长学姐的案例，教师激发学生对多元化英语文化的探究兴趣。在线下课堂中，通过讨论和指导，教师帮助学生形成对英语学习的深刻认知。

（三）提高学生跨文化交际能力

1. 以人为本的混合式英语教学理念

（1）社会主义核心价值观与英语教学有机结合

将社会主义核心价值观与英语教学有机结合是混合式教学的基本理念之一。教师应注重培养学生的综合素质，通过多样化的教学方式，激发学生对英语学科的深入研究兴趣，使其在英语学习中获得全面的人文素养。

（2）工具性与人文性的有效统一

英语学科既有工具性的一面，强调语言运用和交际能力，也有人文性的一面，关注语言背后的文化和价值观。混合式教学要求教师在培养学生语言技能的同时，注重培养学生对跨文化交际和国际化合作的理解和认同，实现工具性和人文性的有效统一。

2. 拓展学生的跨文化交际能力

（1）面临的巨大挑战与发展机会

学生面临着无法跟上时代发展的挑战，尤其是在跨文化交流和国际化合作方面。深入研究学生的现状，教师需要为学生提供更多的发展机会，培养他们的应用能力，给予他们广泛接触英语文化的机会，以更好地适应时代的发展。

（2）利用翻转课堂教学模式

通过翻转课堂教学模式，教师可以在学生自学和线上学习的时间里，引导学生观看有教育意义的视频，关注外国文化的方方面面。比如，对比西方与中国的教育理念，了解不同国家学生的学习方式等，引导学生关注跨文化的元素，为他们的跨文化交际能力的培养打下基础。

（3）促进学生思考和讨论

在线下课堂中，教师通过与学生讨论外国文化等问题，引导学生深度思考并表达自己的见解。这样的活动有助于学生对跨文化交际的认识和理解。通过对不同文化的深入探讨，学生能够更好地认识到语言与文化的紧密联系，提升他们的跨文化交际能力。

3.实践活动与国际竞赛的参与

（1）活动设计的国际化

教师应设计丰富多彩、国际化的实践活动。通过参与英语学习角、与外国友人交流和沟通，学生能够在真实场景中应用英语，增加语言的使用机会，提高跨文化交际能力。

（2）参与英语竞赛的机会

激发学生对英语学习的积极性，教师可鼓励学生参加全国大学生英语竞赛、英语演讲比赛等国际性竞赛。这样的参与不仅能锻炼学生的英语表达能力，更能让他们在竞赛中感受到跨文化交流的重要性，增强他们的国际化合作意识。

第四章　人工智能在英语教育中的应用

第一节　人工智能教育

一、人工智能的诞生及发展

人工智能技术的起源最早可追溯至 20 世纪 40 年代，到 20 世纪 50 年代被正式提出，至今已有 70 多年。随着互联网、大数据等技术的发展和计算机性能的提高，人工智能技术已经进入了具有深度学习、跨界融合、人机协同等特性的新阶段，在工程技术领域和人文社科领域都引发了相当的关注，也对教育等传统行业产生了诸多影响。

（一）国外人工智能的格局

人工智能技术的发展经历了三个关键阶段。第一阶段（1956—1980 年）是基于符号逻辑的推理证明阶段，起源于 1956 年的达特茅斯会议，该阶段主要受制于计算机性能不足和数据缺失的问题。第二阶段（1980—2005 年）是基于人工规则的专家系统阶段，其中代表性事件包括 1980 年卡内基梅隆大学设计的 XCON 专家系统。然而，专家系统由于应用领域狭窄、知识更新迟缓等问题逐渐失去了热度。第三阶段（2006 年至今）是大数据驱动的深度神经网络阶段，2006 年 Geoffrey Hinton 提出了深度学习的神经网络，引领了第三次人工智能浪潮，并在 2016 年 AlphaGo 战胜李世石的比赛中获得广泛关注。

在全球范围内，美国在人工智能领域具有显著优势，形成了完善且活跃的人工智能生态系统。美国以其在人才、技术和经济方面的卓越表现，培育了大量创业公司，并在数据平台创建、基础算法研发等方面展现了强大实力。英国在人工智能领域的发展表现亮眼，尤其在无人驾驶、计算机视觉、智能机器人等领域处于领先地位。英国政府通过扶持政策和投入资源，积极支持高校开设人工智能学科、培养高技术人才，并对人工智能企业的创立和发展提供支持。英国对人工智能伦理问题也关注，其发展算法型创业公司的道路与美国硅谷有所不同。

（二）国内人工智能的推进

回顾国内人工智能学科的发展历程，其曲折起伏可谓显而易见。人工智能学科的提出可以追溯到 20 世纪 50 年代，当时中国几乎没有涉足人工智能研究。尽管在后来的年代，人工智能研究被"解禁"，但由于多种原因，学术界对此的深入探索仍然陷入停滞状态。直至 20 世纪 70 年代末至 80 年代初，国内的人工智能研究逐渐启动，国家开始派遣留学生赴国外学习人工智能知识，并启动相关项目。此时，人工智能在生物控制和模式识别等领域的研究初具雏形。

进入 20 世纪 80 年代中期，国内人工智能研究逐渐迈入正常的发展轨道。各类学术研讨会相继召开，智能计算机系统、智能机器人和智能信息处理等项目被列入国家研究发展计划。同时，涉及人工智能、机器人学和智能控制的著作陆续问世，人工智能在国内走上了更为有序的传播和发展之路。这一时期标志着中国人工智能领域的初步探索和实质性进展。

进入 21 世纪，国内人工智能的研究逐步迈向深入阶段。更多人工智能与智能系统研究课题被纳入国家重大项目和发展计划。人工智能学科建设的成效开始显现，相关产业应用逐渐普及。教育机器人、自动驾驶、智能家电等应用形式相继涌现，为国内人工智能的发展打下了坚实基础。

近年来，人工智能的发展在国家层面上已经被提升至国家战略的高度。相关智能企业迅速增加，规模逐渐壮大，对高质量人才的需求日益突出。在这一大趋势下，国内多所高校纷纷开设人工智能专业，积极探索培养社会需求的高层次人才的方法。这一系列的努力表明了国内人工智能领域在高等教育和产业发展方面取得的显著进展。

二、人工智能教育应用的历程及现状

自"人工智能"诞生至今，研究者一直在尝试生产能以与人类智能相似的方式做出反应的智能机器。随着人工智能从专家系统到围棋机器人的演进，人工智能教育领域也出现了计算机辅助教学系统、大规模开放在线课程平台等具体的智能应用形式，人工智能教育应用的发展与人工智能的起落表现出了一定的内在联系。

（一）人工智能教育应用的发展路径

人工智能（AI）教育应用的发展路径与人工智能科学的崛起息息相关，AI在教育领域的演进可以划分为三个关键阶段。

草创期（1970—1990 年），这一时期主要着眼于计算机辅助教育（Computer-Based Education，CBE）的研究。在这个时期，计算机管理教学（Computer-Managed Instruction，CMI）和计算机辅助教学（Computer-Aided Instruction，CAI）成为主要方向。20 世纪 70 年代，Bolt，Beranek，and Newman 公司推出了首个具有影响力的 CAI 系统——SCHOLAR 系统，开创了计算机自然语言对话辅导的先河。

探索期（1990—2010 年），这一时期涌现出众多关于开源智能教学系统的研究。其中代表性的有由美国联邦基金资助、伍斯特理工学院主办的免费公共服务平台 ASSISTments 平台，以及由智能辅导学习环境（Learning in Intelligent Tutoring Environments，LITE）实验室主导开发的 GIFT 系统。这些智能教学系统在学科教学、技能训练等多个教育领域实现了基于情境的课程开发，并在全球范围内积累了相当数量的用户和影响力。

发展期（2010 年至今），这一时期见证了大规模开放在线课程（Massive Open Online Courses，MOOC）的崛起。MOOC 基于网络，针对大众人群，吸引了高校与人工智能企业合作，推动了"虚拟课堂"的概念，为广泛的学习者提供系统学习的机会。此后，人脸识别、自然语言处理、情感分析等技术在各类教育场景中得到更广泛应用，人工智能与教育的融合不断加深。

（二）人工智能教育应用的发展现状

在我国，人工智能在教育方面的应用已经取得了不少的成果，比如在学习中，教育机器人的应用开始普遍起来，特别是在中小学生群体中应用率非常高，其不仅好玩，还能帮助学生快速进步，深受孩子们的欢迎。当然人工智能教育开展也存在很多的不足之处，现状主要体现在以下两点：

1. 取得的成果

人工智能在教育领域的广泛应用为课堂教学带来了丰富的资源和内容，同时也为教育方式带来了巨大的创新。其中，远程教育是人工智能在教育中的一项显著成果，它极大地方便了教师与学生之间的交流，并赋予了教学更为灵活多样的特点。网络课堂的开设是远程教育的一种典型表现，通过拓展教学内容和简化教学流程，学生可以随时随地通过计算机进行学习，不再受到地点和时间的限制。

人工智能在教育领域的其他方面也取得了显著成果，如智能教学、智能导师和智能学习等。这些应用通过提供个性化的选择，满足了不同学生的需求，实现了因需选材、因材施教的教育理念，更具人性化。现代教育中，这些教学方式已经显著成熟，成为教育领域的一项重要变革。

除了提供丰富的学习资源，人工智能还为教育提供了重要的技术支持，减轻了学校和老师的负担。例如，采用微机阅卷，不仅保证了准确率，提高了阅卷速度，还显著减轻了老师的劳动强度。这种技术支持有助于老师更专注于教学工作，从而提高了教学质量，这是人工智能在教育中取得的又一重要成果。

2. 不足

目前，尽管人工智能在教育领域取得了一些显著的成果，但相较于国际水平，我们仍存在一些差距。我国在人工智能教育方面的起步相对较晚，导致在多个方面尚未做到充分准备和发展。特别是在一些地区的学校，人工智能的普及率较低，这使得这些学校无法充分享受到优质的教学资源。与国际先进水平相比，我国在智能化的教育设施环境构建方面还存在较大的差距，目前的建设相对简单。

尽管面临一些挑战，我国人工智能在教育领域的应用前景依然广阔，需要我们深入开展研究工作，以推动人工智能在教育中的全面发展。首先，我们应加强对人工智能技术的研发和创新，以满足教育领域多样化的需求。其次，对于教育资源的普及和共享，我们需要建立更为完善的体系，使每个地区都能够充分受益于最新的教学科技成果。此外，智能化的教育设施环境构建需要更深入的投入和规划，以确保学校能够提供更先进、更适应学生需求的教学场所。

在整个人工智能教育领域，我们需要保持稳步前进的态势。通过建设更加智能化的教育体系，我们能够更好地应对未来教育的需求，培养更具创新力和适应力的学生。因此，我们应该在技术研究、资源共享、设施建设等多个方面全面加强工作，以推动我国人工智能在教育中的发展，实现教育现代化的目标。

（三）人工智能教育应用的形式

主要有实体的智能产品、线上的教育应用和混合式智能教学系统三种应用形式，涵盖智慧校园、智慧教育教学、智慧管理等多种教育场景。

1. 实体的智能产品

人工智能在教育领域的广泛应用催生了许多服务于教学和管理的实体智能产品，这些产品涵盖了智慧校园、智慧教育教学及智能管理等多个方面。在智慧校园的建设中，各种监控设备和安全警报设备的应用成为关键，为校园安全提供了全方位的保障。这些设备基于人工智能技术，能够实现对校园内各个角落的实时监测和智能分析，有效应对各类安全威胁。

在智慧教育教学领域，人工智能赋能了一系列智能产品，其中包括智能阅卷机器和辅导机器人等。智能阅卷机器通过先进的图像识别和自然语言处理技术，实现对学生试卷的高效阅读和评分，极大地减轻了教师的工作负担，提高了阅卷的准确性和效率。辅导机器人则是通过人工智能算法，根据学生的学习情况和个性化需求，提供针对性的学科辅导和问题解答，实现了个性化教学的目标。

在智能管理方面，人工智能为学校引入了一系列智能识别和管理设备，如人脸识别签到机器、指纹打卡机器和智能校服等。人脸识别签到机器通过人脸识别技术，实现学生出勤的自动化记录，提高了签到的准确性和效率。指纹打卡机器则在学生管理和考勤方面发挥作用。此外，智能校服则通过嵌入智能芯片，实现对学生在校活动的智能追踪和管理，保障校园内学生的安全。

这些实体智能产品的出现不仅丰富了教育领域的科技应用，也提高了学校管理的智能化水平。人工智能的引入为教育提供了更为全面和便捷的解决方案，为学校、教师和学生提供了更好的教学和学习体验。

2. 线上的教育应用

人工智能教育应用在线上呈现两种主要形式，分别是网页应用和客户端应用。教育网站是人工智能教育应用的一种形式，它在时间上出现较早，为学生和教育者提供在线学习和教学资源。然而，近年来，随着智能手机、平板电脑等智能终端的广泛普及，线上教育服务的主要提供者逐渐由教育网站向客户端应用转变，其中的代表就是各类教育 App。

在线教育平台是人工智能教育应用的核心，为学生提供全面的学科知识、辅导资源和互动学习体验。这些平台通常整合了先进的人工智能技术，例如智能推荐系统，能够根据学生的学习习惯和水平提供个性化的学习建议。虚拟导师系统是一类智能教育应用，通过人工智能算法模拟真实导师的教学行为，为学生提供个性化的辅导和学科指导。

智能管理系统在教育机构和学校管理方面发挥着关键作用。这些系统采用人工智能技术，如数据分析和大数据处理，为学校提供教务管理、学生管理和资源管理等方面的智能决策支持。通过智能管理系统，学校能够更高效地进行教育资源配置、课程安排和学科管理。

此外，各类教育 App 也是人工智能教育应用线上的重要组成部分。这些 App 针对不同的学科和学习需求，提供了丰富的学习内容和教育服务，其中包括语言学习 App、数学学习 App、编程学习 App 等，通过人工智能技术实现智能辅导、学习跟踪和个性化学习计划，为学生提供更灵活、便捷的在线学习体验。

3. 混合式智能教学系统

混合式智能教学系统是一种综合了软件和硬件系统的智能教育应用，这些系统协同配合，实现了更为丰富和创新的教学体验。其中，教学游戏系统是一种典型的混合式智能教学系统，它涉及体感设备和相应的建模设计软件。这样的系统不仅让学生在游戏中愉快学习，还通过体感技术促使他们更直观地理解抽象的概念。

情感分析系统是另一种混合式智能应用，它需要表情捕捉设备及相应的分析算法。通过识别学生的情感状态，这种系统可以提供个性化的教学支持，帮助教育者更好地理解学生的学习体验和情感需求。

人脸识别系统也属于混合式智能教学系统的范畴，它需要摄像设备、用户生物信息库及比对算法。这样的系统可以用于课堂签到、考勤管理等，提高教学过程的效率和安全性。

智能教育机器人是混合式智能教学系统中的又一典型代表，它包括各类传感设备和智能程序。这种机器人能够与学生进行互动，回答问题，提供个性化的辅导，增强学生的学习兴趣和参与度。

三、人工智能教育应用的典型特征

人工智能具有很明显的特征性，它依靠强大的知识储备量、运算能力和智力，完成个性化的教学任务。智能化是人工智能教育应用的主要特征，它赋予教育轻松快乐的氛围，寓教于乐，学习效率成倍提高。通过研究人工智能教育应用的典型特征，我们就能够快速掌握人工智能教育应用的规律和发展方向，从而更快地普及人工智能教育。人工智能教育应用的五个特征主要是：

（一）便捷智慧化

1. 知识储备和运算能力的强大结合

人工智能教育应用的独特特征之一在于其强大的知识储备和运算能力。这一特征使得人工智能系统能够有效地存储和管理庞大的教学资料，实现对多领域知识的快速获取、处理和传播。这种结合了知识储备和高效运算能力的特性为教育领域带来了前所未有的便捷性和灵活性，极大地推动了学习过程的创新和发展。

一是，人工智能教育应用存储大量的教学资料，包括文字、图像、音频和视频等多种形式的内容。这些资料涵盖了多个学科领域的知识，从基础概念到高级应用，形成了庞大而丰富的知识储备。学生可以通过智能系统在任何时间、任何地点轻松地获取所需的信息，无须受制于传统教室和纸质教材的限制。这种随时随地的获取方式使得学习不再受时间和地点的限制，大大提高了学习的便捷性和自由度。

二是，人工智能系统的高效运算能力使得教育内容的处理和传播更加迅速和精准。系统可以通过强大的算法分析学生的学习需求，根据个体差异定制个性化的学习计划，为每位学生提供更符合其水平和兴趣的教育资源。同时，系统能够实时跟踪学生的学习进展，及时调整教学策略，以确保学生在学科学习过程中取得最佳效果。这种高效运算能力的应用促进了教育的个性化和智能化，为学生提供了更为优质的学习体验。

2.在线课堂的普及

随着人工智能技术的迅猛发展，在线课堂已经成为人工智能教育的典型形式。这一模式的崛起为学习者和教育者提供了更加灵活和便捷的学习与教学方式。在线课堂的普及不仅在于其能够弥补传统教育模式的不足，还在于其为学生和教师带来了更为开放和自主的学习环境。

一是，在线课堂打破了时间和地域的束缚，使得学习和生活更加协调。学生可以根据自身的时间安排进行学习，不再受制于传统课堂的固定时间表。这为那些有兼职、家庭责任或其他时间限制的学生提供了更多的学习机会。同时，教师也能够更灵活地安排教学内容，满足学生个性化的学习需求，提高教学的针对性。

二是，人工智能系统在在线课堂中的应用为个性化教学提供了更为便捷和精准的手段。通过分析学生的学习历史、表现和偏好，人工智能系统能够为每个学生定制个性化的学习计划。这种个性化教学不仅有助于弥补学生在不同学科上的差异，还能够更好地激发学生的学习兴趣和动力，提高学习效果。

三是，在线课堂提供了一种轻松快乐的学习氛围，使得学习变得更具趣味性和灵活性。通过引入多媒体、互动游戏和实时讨论等元素，在线课堂使学习过程更加生动有趣。学生可以通过在线互动平台与教师和同学进行实时交流，分享学习心得，形成学习社群，提高学习的社交性和参与度。

（二）擅长客观评价

1.数理化等理科领域的自动化

人工智能在数理化等理科领域的自动化应用方面展现出卓越的潜力。其擅长处理具有客观性和规律性的工作，为教育领域带来了明显的优势。其中，自动化的评价系统在数理化等理科学科中发挥着重要作用，高效的记忆存储、量化推理和标准化计算，显著减轻了教师在这些方面的工作负担，推动了教育评价的现代化进程。

一是，自动化的评价系统能够以更高效的方式进行记忆存储。人工智能通过深度学习和模型训练，能够迅速吸收并理解大量的数理化知识，实现对复杂概念的快速记忆。这使得系统能够准确地分析学科知识的内在逻辑，并在学生提交的作业或考试答卷中识别和评估相应的数理化内容。

二是，人工智能系统具备量化推理的能力。在处理数学和科学问题时，系统可以通过程序化的逻辑推理和数学计算，自动识别解题过程中的思维步骤和推导路径。这不仅有助于检测学生解答问题的合理性，还能够为学生提供详细的错误分析和改进建议，促使其深入理解和掌握相关数理化概念。

三是，自动化的评价系统通过标准化计算实现对学生答卷的客观评分。通过预先设定的评分标准和算法，系统能够对学生的答卷进行一致性评估，减少主观因素的干扰。这不仅提高了评分的准确性，还为学生提供了更为公正和客观的学业评价，确保了教育评价的公平性和可靠性。

2.文科等主观领域的技术进步

文科等主观领域在人工智能技术的推动下，逐渐受益于新的评价手段。人工智能通过处理文字语言方面的技术，为主观性问题的评价提供了创新性的解决方案，其在教育体系中引入了更为多元和高效的评价方式，显著减轻了教师的阅卷负担，提高了阅卷效率。

第一，人工智能在文科领域的技术进步使其能够更好地处理复杂的文字信息。自然语言处理和文本分析技术的发展，使得人工智能系统能够理解和分析学生在文科考试中作答的主观性问题。通过深度学习算法，系统能够捕捉学生表达的情感、观点和论述结构，实现对文本信息的深层次理解，从而为主观性问题的评价提供更为精准和全面的依据。

第二，人工智能在主观领域的评价中实现了自动化和标准化。通过制定明确的评分标准，人工智能系统能够根据这些标准对学生答卷进行客观、一致性的评分。这种自动化的评价过程不仅提高了评分的准确性，还大大减轻了教师在阅卷过程中的工作负担，为教育体系带来了高效和可持续的阅卷解决方案。

第三，人工智能技术的进步也促使了反馈机制的改进。系统通过对学生答卷的详细分析，能够生成个性化的反馈报告。这种反馈不仅包括对答案的评价，还可能涉及写作结构、逻辑思维等方面的指导意见。通过及时而具体的反馈，学生能够更好地理解自身在主观领域的优势和不足，为提升学业水平提供有针对性的指导。

（三）客观个性化

1.个人信息整合与个性化推送

人工智能在教育领域通过整合学习者的个人信息，实现了个性化推送的创新应用。这一过程中，人工智能系统通过采集包括浏览记录、资料查询、位置共享等多方面的学习者个人信息，建立了庞大而全面的个人数据库。这些数据不仅反映了学习者的学科偏好，还包括了其学习进度、喜好、兴趣等多维度的信息。

通过对这一庞大数据库的整合与分析，人工智能系统能够为每位学生提供个性化的学习推送。学生可以根据自身的需求条件，输入学科、主题或具体问题，系统将以客观而个性化的方式为其提供相应的学习服务和资料推荐。例如，一个对文学感兴趣的学生可能会收到关于文学领域的深度学习资源、相关研讨资料等个性化推送，以满足其特定的学科需求。

这种个性化的教育应用充分体现了人工智能系统的客观性和对学生个体需求的关注。首先，通过深度学习算法，系统能够深入挖掘学生的个人信息，精准理解学生的学科兴趣和学习需求。其次，个性化推送的实现不仅基于学科领域，还可能涵盖学习方式、学习时间等多个方面，确保推送内容更符合学生的整体学习习惯。这种定制化的服务使得学生能够更高效地获取所需的学习资源，提高学习的灵活性和个性化程度。

值得注意的是，人工智能在提供个性化推送的同时，也需要充分考虑隐私保护和信息安全的问题。确保学生的个人信息得到妥善处理，遵循相关法规和伦理准则，是人工智能在教育领域发展过程中需要重点关注和解决的问题。

2.教学服务与资料地址的智能推送

在人工智能教育的框架下，学习者的需求成为主导因素，通过智能算法的运用，人工智能系统得以智能推送符合学习者需求的教学服务和相关资料地址。这一教学模式的引入不仅提高了学习效率，同时也增加了学生对学习过程的主动参与感，使得学习更具针对性和有效性。

智能推送的核心在于系统对学习者个体需求的准确把握。通过分析学习者的学科偏好、学习历史、学科水平等多方面信息，系统能够识别学生的学科强项和薄弱点，从而为其提供更为个性化的教学服务。例如，一个对数学感兴趣但在代数方面存在困难的学生可能会收到有关代数学习方法、相关练习题和解析的智能推送，以满足其特定的学科需求。

此外，智能推送还涵盖了教学服务和相关资料地址的全方位推送。教学服务包括在线辅导、实时答疑、学科讲座等，而相关资料地址则包括电子教材、学术论文、实践案例等多种学科资源。通过精准推送，学习者可以更快捷地获得所需信息，提高学习的效率。

这一教学模式的优势在于提高学习的个性化程度。每位学习者在系统的帮助下都能够获得与自身学科需求相匹配的教学服务和学科资源，避免了传统教学中因学科水平不同而导致的信息不对称问题。同时，学习者在获得个性化服务的同时，也能够更主动地参与学习过程，增强学习的主观能动性。

（四）多领域发展

1.政府部门的培训教育工作

政府部门在认识到人工智能的多领域发展潜力后，积极开展相关培训教育工作。为了适应时代的发展，国内外政府纷纷投入资源培养人工智能专业人才，以满足不同领域对于人工智能技术的需求。这种跨学科的培养模式有助于培养更全面、多元化的人才，推动了教育的多领域发展。

2.高校人工智能专业的设立

为了更好地与人工智能融合，国内外高校纷纷设立人工智能专业课程。这些课程不仅着重于传授人工智能的基础理论，还提供实践项目支持，使学生能够在实际操作中掌握相关技能。这种新兴的专业模式体现了学校教育的包容性，有助于激发学生的创造思维，提高计算能力，培养出更具有创新力和实践能力的多元化人才。

（五）人机相辅相成协同发展

1.人工智能的局限性与人的创造性

人工智能虽然强大，但仍存在一定的局限性。对于主观性问题和全新的知识，人工智能系统的解决能力相对有限，在教育中，需要与人的创造性相辅相成，协同发展。教师在授课时的参与和引导成为人工智能教育典型特征的关键点。

2.人机协同发展的必要性

人机协同发展成为人工智能教育的典型特征之一。教育不仅仅是知识传授，还涉及培养学生的创造性思维、解决问题的能力等方面。人工智能系统在这些领域仍需人类的引导和监督。在授课过程中，教师能够利用人工智能提供的教育资源进行更个性化的教学，同时通过引导学生思考和讨论，培养其独立思考和创新能力。这种人机协同发展的模式能够更好地满足学生多层次、全面性的发展需求。

第二节　人工智能在英语学习中的辅助作用

在英语学习中，个性化学习是人工智能发挥作用的一个关键领域。智能系统可以分析学生的学习历史、兴趣和学科水平，为其提供量身定制的学习内容和任务。通过智能辅导，学生能够更高效地掌握英语技能，弥补个体差异。

一、改善英语教学环境

（一）数字化英语教育与智慧教学

1.数字化英语教育的发展趋势

随着人工智能的发展，数字化英语教育成为一种不可避免的趋势。数字化的教育环境通过应用人工智能技术，实现了信息的快速传递、实时互动和个性化学习。智慧教学通过数字手段的辅助，为学生提供了更灵活、便捷的英语学习方式。

（1）学生签到的数字化管理

数字化英语教育通过人脸识别等技术实现学生签到的自动化，提高了签到的准确性和效率。这种数字化管理使教师可以更集中精力于教学内容，提升了教学效率。

（2）语音辅助与发音纠正

智能语音辅助技术可以帮助学生纠正发音错误，提高口语表达能力。学生通过与智能语音助手的对话，得到即时的发音反馈，实现了个性化的语音训练，使英语学习更具实效性。

（3）安全预警系统的建立

数字化英语教育中，安全是一个重要的关注点。智能系统可以通过监控学生的学习行为，及时发现异常情况，并通过安全预警系统进行处理。这种数字化的安全管理有助于提升学生的学习环境安全性。

2.智慧教学的实际应用

（1）智能英语教室的建设

数字化英语教育不仅在技术上实现了智能化，教室环境也实现了智慧化。通过智能白板、智能投影等设备的应用，教师可以更生动地展示教学内容，激发学生的学习兴趣。同时，智能设备也提供了更便捷的教学操作，提高了教学效率。

（2）智能英语学习平台的建构

数字化英语教育的核心在于构建智能化的学习平台。这样的平台可以通过学生的学习历史、喜好、学科水平等信息，为其量身定制学习计划。智能化的学习平台不仅提供了高质量的学习资源，还能够根据学生的学习进度动态调整教学内容，实现个性化教学。

（二）多元化的教学形式

1.在线学习平台的兴起

（1）个性化学习路径

在线学习平台通过人工智能算法分析学生的学科水平、学习风格等信息，为每位学生提供个性化的学习路径。这种个性化的学习模式有助于学生更有效地掌握英语知识，满足不同学生的学习需求。

（2）语音助手的辅助学习

语音助手在多元化的教学形式中发挥着重要作用。通过与语音助手的对话，学生可以进行口语练习、听力训练等，实现更为灵活和自主的学习。这种多元化的学习方式拓展了传统教学的边界，使学生在不同场景中都能够进行有效学习。

2.ChatGPT 等自然语言生成模型的运用

（1）模拟真实对话的学习方式

ChatGPT 等自然语言生成模型通过模拟真实对话，使学生更容易融入语境，提高英语语感。学生可以通过与 ChatGPT 的交互，模拟真实生活中的英语交流，这种实践性质的学习方式有助于学生更自然地培养语言表达能力。

（2）提高趣味性与参与度

通过与 ChatGPT 等模型进行对话，学生能够在轻松愉快的氛围中进行学习。这种趣味性的学习方式激发了学生学习英语的兴趣，提高了学习的参与度。学生可以在与模型的交互中体验到学习的乐趣，使英语学习不再单调枯燥。

二、促进英语教学范式多模态化

国内外的 AI 英语学习软件，如百词斩、英语流利说等，通过多元化的教学形式，包括线上习得与线下学习、同步习得与异步教学等，满足学生不同的学习需求。这种多模态的教学范式使得学生可以更灵活地选择学习方式，更好地适应个体差异。

（一）百词斩的创新教学模式

1.线上习得与线下学习的结合

百词斩等 AI 英语学习软件采用了一种创新的教学模式，将线上习得与线下学习巧妙地结合，为学生提供了更为灵活且多元的学习体验。通过这种多元性的教学模式，学生不仅能够在移动设备上随时随地进行在线学习，而且还有机会参与线下的集体学习活动，实现了线上与线下学习场景的有机融合。

在移动设备上进行在线学习的优势在于其便携性和随时随地的可访问性。学生可以通过百词斩等软件在手机、平板等设备上进行英语学习，其无论身处何地都能够随时启动学习应用。这种灵活性不仅方便了学生的学习安排，还使得学习不再受制于时间和地点的限制。通过线上学习，学生可以根据个体的学习节奏和需求，自主选择学习时段，更好地适应个体差异。

与此同时，线下的集体学习活动为学生提供了与同学互动、面对面交流的机会。这种实体活动促进了学生之间的合作与交流，提高了学习的社交性。在集体学习中，学生可以共同参与讨论、分享学习心得，激发学习的积极性和兴趣。此外，线下学习活动也有助于教师更好地监控学生的学习进展，及时发现并解决学习中的问题，提高了教学的针对性。

2. 同步习得与异步教学的个性化选择

百词斩等 AI 英语学习软件引入了同步习得与异步教学的差异化教学方式，为学生提供了更为个性化的学习选择。这种灵活的教学模式充分考虑到学生的个体差异，使得学习更加符合个体需求，进一步提高了学习的效果。

同步习得是一种实时学习方式，学生可以在固定的时间点参与在线学习，与其他学习者同步进行学习活动。这种模式的优势在于能够建立学习社群，促进学生之间的互动和合作。通过同步学习，学生可以及时获得教师的指导和同学的讨论，提高学习效率。同时，同步学习也有助于形成学习习惯，保持学习的连贯性，培养学生的自律性。

异步教学则更加强调学生的自主性和灵活性。学生可以根据个体的学习进度和时间安排，随时随地进行学习。这种模式下，学生能够更好地适应个体的学习习惯，选择适合自己的学习时段，更灵活地安排学习计划。异步教学也为那些有时间限制或地理位置差异的学生提供了更多的学习机会。

差异化的教学方式更好地满足了学生个体差异。每个学生的学习风格和节奏都是独特的，同步习得和异步教学的结合为学生提供了更为灵活的学习选择。学生可以根据自身情况，选择更适合自己的学习方式，更好地发挥个体潜力。这种差异化教学方式不仅能够提高学生的学习兴趣，还有助于培养学生的学习自觉性和自主性。

（二）英语流利说的智能学习体验

1. 个性化学习路径的制定

英语流利说借助智能算法实现了对学生学习情况和需求的深度分析，从而精准制定个性化的学习路径。这一系统通过对学生的弱点和优势进行全方位评估，不仅提供了全面而准确的学情反馈，更为重要的是，其根据评估结果为每位学生量身定制了符合其个体差异的学习计划。这种个性化的多模态教学方式旨在提高学习的效果，使学生在英语学习过程中更加高效和有针对性。

个性化学习路径的制定首先依赖于英语流利说系统所采用的智能算法。该算法通过对学生在平台上的学习行为、答题情况、课程进度等多方面数据的深度分析，能够全面了解学生的学习状态。这种数据驱动的个性化分析为系统提供了学生认知水平、学习风格、知识掌握情况等多方面的信息，为制定个性化学习路径奠定了基础。

在个性化学习路径的制定过程中，系统将学生的弱点和优势作为关键参考因素。通过分析学生在学习中容易出错或表现出色的知识点，系统能够精准捕捉学生的知识短板和优势领域。基于这一深刻理解，系统将为学生提供有针对性的学习内容和任务，以强化其薄弱环节、巩固优势领域。这种差异化的学习设计有助于提高学生对学科知识的理解和掌握度。

个性化学习路径的推荐不仅涉及内容的选择，还包括学习方式、学习时间等方面的个性化建议。系统能够根据学生的学习习惯和时间安排，推荐最适合其个体特点的学习方式。例如，对于偏好夜间学习的学生，系统可能推荐在晚间进行英语学习活动，以提高学习的效果。这种个性化的时间安排能够更好地满足学生的个体差异，使学习更为高效。

2.跨平台的学习体验

英语流利说的创新在于提供了跨平台的学习体验，学生可以在计算机、平板、手机等多种设备上随时随地进行英语学习。这种便捷的多元性使得学生能够在不同设备上都享受到一致的学习体验，大大提高了学习的连贯性和可访问性。

首先，跨平台的学习体验体现在设备的多样性上。学生可以根据自身的喜好和实际情况，在计算机上进行深度学习，使用平板在床上轻松学习，或者在手机上利用碎片时间进行英语练习。这种灵活的学习方式有助于充分发挥学生的学习主观能动性，让学习更贴近他们的生活方式，增加学习的便利性。

其次，跨平台的学习体验体现在学习内容和数据的同步性上。学生在一个平台上学习的进度、学习历史等数据能够同步到其他设备上，保证了学习过程的连贯性。这意味着无论学生何时何地使用哪种设备，都能够无缝切换学习，不会出现信息不同步的问题。这种同步性提升了学习的高效性和流畅性。

最后，跨平台的学习体验还体现在用户界面和操作方式的统一性上。不同设备上的英语流利说应用在界面设计和操作方式上保持一致，使学生能够更加轻松地适应不同的学习环境。这种一致性有助于提高学生的学习效率，减少因设备切换而导致的适应期。

三、优化英语教学与学习过程

（一）数据分析技术的运用

在人工智能时代，英语教育迎来了新的发展机遇。数据分析技术的引入为英语教学提供了全新的可能性。通过对学生学习过程的数据进行深入分析，教育者能够更全面地了解学生的学习情况，为教学提供更科学的指导。

1. 实时学情信息

数据分析技术的广泛应用为教育系统带来了革命性的变革，其中特别引人注目的一项功能是实时学情信息的收集与分析。通过这一技术手段，教育系统得以即时地获取、审视学生的学习数据，从而深入了解他们的学习状态及对各个学科的掌握情况。这种实时学情信息的采集不仅为教师提供了一个全面的视角，而且为他们提供了一个精确、有针对性的教学设计的基础。

在教育系统中，通过专业的平台，教师可以轻松查看学生的学习状态，了解他们在特定学科中的学术水平。这个平台不仅提供学科成绩信息，还包括学生的学习习惯、参与度等方面的信息。这种综合性的数据展示方式为教师提供了更加全面、深入地了解学生学业情况的机会。

获得学生学习数据的实时性使教师得以在教学过程中迅速作出反应。通过及时的反馈，教师可以了解学生在学科知识上的掌握情况，识别学生可能存在的困惑和难点。这使得教师能够调整课程内容，精准地投入更多时间解决学生的疑虑，从而提高教学效果。例如，当系统显示一个学生在某一知识点上表现较差时，教师可以有针对性地进行额外的解释或提供额外的练习材料，以满足学生个性化的学习需求。

2. 个性化反馈

通过对学生学习数据的深入分析，智能系统不仅提供了实时的学情信息，更能生成个性化的反馈报告，为学生提供了精准而有针对性的指导。这种个性化反馈报告涵盖了学生在各种语言技能上的表现，包括听、说、读、写等方面的能力评估。通过对这些评估的综合分析，系统能够深刻地了解学生的学业水平，精准地捕捉其优势和不足之处。

在个性化反馈报告中，系统不仅关注学生整体的语言能力，还深入到具体知识点的层面。通过对学生在各个知识点上的掌握情况进行细致分析，系统能够识别学生可能存在的薄弱环节和理解难点。这为教师提供了有力的依据，使其能够更加精准地制定教学策略，有针对性地进行教学辅导。

这样的个性化反馈不仅关注学生的问题，更强调提供解决问题的具体建议。智能系统通过深度学习算法，能够为学生量身定制学习计划，明确指出需要加强的知识点和相应的学习方法。例如，如果系统发现学生在语法应用上存在较大的困难，反馈报告可能会强调提升语法技能的重要性，并建议相关的学习资源或练习方法，以便学生更有效地提升自己的语言能力。

教师可以根据这些个性化反馈报告为每个学生设计更为贴近其需求的学习计划。通过深入理解学生的学习状况，教师能够更好地调整课程内容和教学方法，以满足学生的个性化需求。这种定制化的学习计划不仅提高了学生的学习效果，还有助于培养学生更为全面的语言能力和学习策略。

3.构建智能化教学环境

数据分析技术的广泛应用为英语教育领域带来了深刻的变革，其中最为引人注目的一点是其助力构建智能化教学环境。通过对学生学习数据的细致分析，系统得以实时整合各类学习信息，从而为教学提供更智能、更个性化的支持。

在这个智能化教学环境中，系统能够自动调整教学资源，确保教学内容更加符合学生的水平和需求。通过对学生的学习历史、兴趣和能力的全面了解，系统能够智能地匹配适当的学科知识、教材和学习任务，使学生更有针对性地进行学习。例如，对于一个在阅读理解方面表现较弱的学生，系统可能会优先推荐相关的阅读理解训练材料，以帮助学生有针对性地提高这一技能。

这种智能化教学环境的另一个显著特点是其有助于促进英语教学范式的良性循环。通过不断收集、分析学生学习数据，系统能够更好地理解学生的学习模式和需求。这使得教育者能够根据实际情况调整教学策略，提供更有效的学科辅导。这一循环过程不仅使教学更加精细化，也有助于提高学生的学习兴趣和动力，形成一个正向的学习氛围。

（二）个性化教学方案

1.个性化学习计划

在当今英语教育的前沿，智能系统的引入为学生提供了更为个性化的学习体验，其中尤为突出的是根据学生的学习水平和进度定制个性化的学习计划。这种个性化计划的制订涵盖了语法、词汇、听说读写等多种语言技能，旨在更贴近学生个体的需求和能力。这一教育创新不仅为学生提供了更具针对性的学习内容，也在激发学习兴趣和提高学习效率方面发挥着显著的作用。

个性化学习计划的首要特点是其依赖于智能系统对学生的学习数据进行全面

而深入地分析。通过对学生在不同语言技能上的表现、学习历史和兴趣爱好的综合分析，系统能够准确把握学生的学科水平和特长，为个性化学习计划的制订提供科学的依据。例如，如果系统发现一个学生在词汇记忆方面表现较为出色而在口语表达上有所欠缺，那么个性化学习计划可能会侧重于提供口语训练和相关的听力练习，以更好地平衡学生的各项语言技能。

个性化学习计划的涵盖范围极为广泛，包括但不限于语法规则的深入学习、词汇量的扩充、听力和口语技能的强化、阅读和写作能力的提高等。这使得学生能够在学习过程中更加全面地提升英语水平，而非仅局限于某一方面的技能。通过这样全面而个性化的学习计划，学生能够更为系统地建立起自己的语言体系，提高对英语语境的整体理解力。

个性化学习计划的制订不仅关注学科知识的传授，更注重培养学生的学习兴趣。根据学生的兴趣爱好和个性特点，系统能够为其提供更为吸引人的学习内容。这不仅能够提高学生的学习积极性，还能够激发其对英语学习的热情，促使其更加主动地参与到学习过程中。

2. 智能辅导

智能系统在英语教育领域的创新应用，其通过人工智能算法为学生提供智能辅导成为一项引人注目的发展。这种智能辅导通过深度学习和数据分析技术，根据学生的学习历史和表现，能够全面了解学生的学科水平和学习模式，从而精准地识别学生的薄弱环节，并有针对性地进行个性化辅导。

一是，这种智能辅导基于学生的学习历史和表现进行全面而深入的分析。通过收集和分析学生的学科成绩、学习习惯、作业完成情况等多方面的数据，系统能够建立起对学生学科水平的准确认知。例如，如果系统发现一个学生在阅读理解方面表现较差，而在写作方面较为优秀，系统可能会为其提供特定于阅读理解技能的智能辅导，以弥补其在这一方面的不足。

二是，智能辅导具有及时性和个性化的特点。通过实时分析学生的学习数据，系统能够快速准确地识别学生在学科知识上的困难点，及时进行智能辅导。这种即时的学科帮助有助于防止学生在学习过程中积累困难，提高学科学习的效果。而且，由于智能辅导是基于个体学生的特点和需求进行设计的，因此能够为每个学生提供个性化的辅导服务，更好地满足其学科学习的独特需求。

最重要的是，智能辅导不仅局限于传统的学科帮助，更注重激发学生学习的兴趣。根据学生的兴趣和学科偏好进行个性化的辅导设计，系统能够使学科内容更贴近学生的实际生活和兴趣爱好，从而增强学生的学科参与度和学习动力。例如，如果一个学生对科技领域感兴趣，系统可能会将相关的英语学习材料与科技主题结合，提供更具吸引力的学科内容，以激发学生更积极地投入学习。

3. 提高学习效果

个性化教学方案的引入为提高学生学习效果提供了一种重要而创新的手段。根据学生的学习水平和兴趣制订个性化教学计划，系统能够使学生更集中精力学习符合其能力和兴趣的内容，从而实现更为有效的学习。

首先，个性化教学方案有助于提高学生对知识的理解和掌握程度。由于教学内容能够更贴近学生的实际水平，学生在学习过程中更容易理解和吸收知识。例如，如果一个学生在词汇积累方面相对薄弱，个性化教学方案可能会侧重于提供更多的词汇训练和应用实例，以帮助学生在这一方面取得更好的进步。这种定制化的教学方案有助于确保学生能够更深入地理解教学内容，形成更为牢固的语言基础。

其次，个性化教学方案的运用能够激发学生的学习兴趣。根据学生的兴趣和偏好调整教学内容，系统能够使学科内容更具吸引力和趣味性。这不仅能够提高学生的学科参与度，还能够激发他们对学习的主动性。例如，如果一个学生对文学感兴趣，个性化教学方案可能会将文学作品融入英语学习中，使学生在阅读和理解文学作品的过程中更好地提升语言能力。

最重要的是，个性化教学方案的实施有助于培养学生的自主学习能力。通过让学生更多地参与制订学习计划和选择学习资源，个性化教学方案促使学生主动思考和管理自己的学习过程。这种自主学习的过程不仅使学生更有责任感，也锻炼了他们独立解决问题和掌握学科知识的能力。这为学生未来的学习奠定了坚实的基础，使其能够更好地适应复杂多变的学科环境。

四、人工智能辅助下单词记忆方法

在英语学习中，词汇量的扩展始终起着至关重要的作用。随着人工智能的不断发展，词汇软件受到了越来越多人的关注。结合艾宾浩斯遗忘曲线，比较传统词汇记忆法与人工智能辅助下词汇软件提供的记忆方法，我们总结出最优化的英语单词记忆法，并为词汇软件提出完善建议。

（一）传统单词记忆方法分析

1. 机械记忆法

机械记忆法在传统单词学习中扮演着重要的角色，其核心特征在于依赖反复背诵以达到对学习内容的记忆。这种方法主要应用于学习者对学习内容的意义联系性较弱，或者在面对材料的内在关联时存在理解困难的情况。机械记忆法的基础是通过反复学习来强化记忆，尤其是在面对大量词汇时，其实践性和简单性使其成为传统单词学习的主要方法之一。

尽管机械记忆法在记忆效果上表现出较高的准确性，学习者通过反复背诵可以相对容易地记住单词的拼写和发音，但这种方法却存在一定的局限性。其主要问题在于学习者往往缺乏对每个单词的实际意义与内在联系的深刻理解。因此，尽管记忆效果显著，但在实际运用中，学习者可能会面临辨别和使用单词的困难。这是因为机械记忆法注重的是记忆表面的形式，而忽视了单词与语境之间的有机关联。

随着学习者投入大量时间和精力进行反复背诵，机械记忆法可能使学习者陷入死记硬背的困境。学习者即便能够准确记住单词的形式，缺乏对其实质含义的理解可能导致在实际运用中其无法正确辨别或运用单词。这种现象不仅限制了学习者的语言应用能力，还可能对记忆的持久性产生负面影响。

2. 音标记忆法

音标记忆法是一种应用于英语单词学习的记忆方法，其核心思想是按照音标的读音规则进行记忆。由于英语单词的发音与拼写之间存在密切联系，根据其发音规律，学习者可以更准确地进行拼写。这种方法要求学习者熟练掌握音标，并能够根据音标准确地划分音节。尽管音标记忆法在理论上为学习者提供了一种直观的记忆路径，然而，在实际应用中，它也面临着一些挑战。

在这一方法中，学习者首先需要建立对音标的深刻理解，并学会如何将音标应用于正确的发音。这涉及对音标系统的全面掌握，包括元音和辅音的区分，重读音节的确定及不同发音规则的应用。这对学习者来说可能是一项相当复杂的任务，因为音标的符号和规则相对抽象，需要较长时间的学习和实践。

一旦学习者掌握了音标，他们需要能够准确地将音标应用于实际的英语单词。这包括了解单词的发音规则，正确划分音节，以及将音标与拼写相对应。对于大多数英语单词而言，根据其发音规律，学习者确实能够较为准确地进行拼写。然而，对于一些特殊发音或异体单词，学习者仍然需要面临挑战，因为那些单词可能不符合一般的音标规则。

对于部分学习者而言，掌握音标并非易事。音标的学习需要学习者对音韵学有一定了解，包括元音、辅音的发音方式和发音位置等方面的知识。这对于那些母语与英语差异较大的学习者来说可能尤为困难，因为他们可能需要重新调整对语音的感知方式。

3.词根词缀记忆法

词根词缀记忆法是英语学习中一种常用的传统记忆方法，其核心理念在于单词的构成主要来自词根和词缀的组合。在这种方法中，词根往往揭示了单词的基本属性，而词缀则与单词的意义密切相关。学习者需要深入了解词根的属性和词缀的含义，通过"举一反三"的方式，掌握一系列相互关联的词汇。尽管词根词缀的数量有限，且其含义通常直接关联到单词的含义，但这一方法对于学习者来说，依然面临一系列挑战。

学习者通过词根词缀记忆法能够更高效地背诵单词，因为通过了解这些基本构成元素，他们可以建立起对单词含义的直观感知。然而，这种效率的提升并非轻而易举，因为学习者需要储存大量的词根和词缀，并且熟练地掌握它们的意义。这对于没有基础的学习者而言，可能会构成较大的挑战。

特别值得关注的是，一些单词存在特殊的变化和例外情况，这需要学习者额外进行记忆和处理。这种情况增加了学习者的认知负担，尤其是对于初学者而言，可能会使其记忆过程更为复杂和耗时。因此，词根词缀记忆法虽然在某种程度上提高了学习效率，但在应对一些复杂和特殊情况时，学习者仍需付出额外的努力。

尽管存在一系列困难，词根词缀记忆法的优势在于它强调了单词之间的内在联系。通过深入理解单词构词法的规律，学习者能够更好地理解并预测新的词汇，从而在语言运用中更为得心应手。这种方法对于提升词汇量和理解英语语言结构有着积极的影响，尤其是对于那些希望在短时间内积累大量单词的学习者。

（二）单词软件的先进性表现

1.联想记忆法

联想记忆法作为百词斩的核心特点，在人工智能的辅助下其为学习者提供了一种独特而创新的词汇记忆方式。该方法通过为每个单词配备一张生动的、具有代表性和关联性的图片，以图像表达词汇的含义，从而创造出更为生动和立体的学习情境。学习者在这一过程中通过联想，将这些生动的图像与词汇建立关联，从而在大脑中形成更为牢固的记忆。

百词斩借助人工智能技术，为每个单词精心挑选与其含义相关的图像，使得学习者在学习过程中能够通过视觉方式更直观地理解单词的含义。这种生动的图像不仅提供了视觉上的印象，还激发了学习者的联想能力，使他们能够更容易地将单词与形象进行关联。通过在学习者的大脑中创造具有关联性的记忆，联想记忆法使得词汇学习变得更为深刻和有趣。

这种方法的优势不仅在于提高了学习者学习词汇的效率，更在于激发了学习者对记忆单词的兴趣。通过将学习过程变得生动有趣，联想记忆法不仅使得学习者更愿意投入时间和精力，还增加了其学习的积极性。这对于长期的学习效果具有积极的影响，因为学习者更容易保持对学习的动力，提高学习的持久性。

2. 例句助记法

在单词学习的过程中，仅仅掌握单个单词的含义往往无法满足对该单词在实际语境中的理解和应用的需求。如果学习者仅停留在对单词字面意义的理解，很容易陷入机械记忆法的传统学习模式中，导致学习效果的局限性。为了克服这一难题，词汇软件采用了例句助记法，通过以短语形式呈现所学单词，并搭配相关的例句，以创设具体的语言情境。这种方法旨在让学生在学习过程中能够根据例句判断词汇的释义，从而在实际应用中更深入地理解单词的含义和使用方法。

词汇软件通过将单词置于具体语境中，通过例句展示单词在真实语言环境中的应用方式，使学习者能够更全面地理解单词的多重含义和用法。这不仅有助于学习者建立对单词更为深刻的认知，还能够帮助他们更灵活地运用所学词汇。通过例句助记法，学习者能够更直观地感知单词的使用场景，从而使学习过程更加具体和生动。

例句助记法的关键在于创设语言情境。通过将单词融入实际语境，学习者更容易将其记忆下来，并在实际交流中准确地应用。这种方法不仅仅是对单词意义的简单陈述，更为学习者提供了一个立足点，使他们能够更深层次地理解词汇。这不仅有助于学习者记忆单词，还能够培养他们的语感和语境感知能力。

例句助记法的实质是通过具体的例句将抽象的单词概念具象化，使其更容易为学习者所接受。这种方法在激发学习者对学习的兴趣上有独到之处，因为它让学习变得更为生动有趣。通过丰富的例句，学习者能够更好地体会语言的魅力，从而更积极地参与到词汇学习的过程中。

3. 间隔重复记忆法

各种词汇软件的记忆模式普遍遵循着遗忘规律，采用了学习—测试—再现的方法，以帮助学习者逐步巩固单词记忆。在这一过程中，再认和再现的阶段被认为是保持长期记忆的关键步骤。借助人工智能的辅助，词汇软件更进一步根据艾宾浩斯遗忘曲线的原理，将新学词汇根据错误次数、学习时长、复习频率等标准进行分类，并在不同的时间间隔内进行复习，例如每隔 5 分钟、20 分钟、两天等。这种科学合理的间隔重复记忆法为学习者提供了有力的学习支持。

在这一学习模式中，再现的过程显得尤为重要。词汇软件通过精准的算法，根据学习者的学习情况动态调整复习计划，确保在最佳的时间间隔内出现相应的单词，以促使学习者在遗忘的边缘保持对单词的认知。这样的学习方式不仅有助于加深对已学单词的印象，还能够防止词汇在记忆过程中的遗忘。

间隔重复记忆法的设计灵感源于艾宾浩斯遗忘曲线，这一曲线揭示了人类记忆在时间上的衰减规律。通过有序的复习计划，词汇软件成功地将词汇的记忆过程与遗忘的曲线相结合，使得学习者在记忆的过程中能够形成更加牢固的记忆痕迹。这种方法的科学性不仅提高了学习效果，也为学习者提供了一种更为高效的记忆策略。

此外，如果在再现的环节中，学习者依然存在难以记住的词汇，词汇软件提供了"生词本"功能，允许学习者将这些困难的词汇收藏起来，以便在日后进行更加有针对性的复习。这种个性化的学习管理方式既能够满足学习者的个体差异，又能够更全面地提升学习效率。

4.语音助记法

语音助记法作为一种创新的词汇学习方法，在英语单词学习中发挥了重要作用。英语单词的发音往往与其拼写紧密相连，但一些学习者可能在根据音标做出正确发音方面遇到困难。为了解决这一问题，词汇软件在人工智能的辅助下对传统音标记忆法进行了改良，引入了语音助记法，为学习者提供更直观、更科学的单词记忆方式。

在词汇软件中学习单词时，学习者可以通过页面自动播放该单词的标准发音。这一功能使学习者能够通过听觉方式准确感知单词的发音，为他们提供了更具体和实用的学习体验。通过语音助记法，学习者能够在学习过程中直接聆听到正确的发音，帮助他们建立准确的语音模型，从而更自信地运用所学单词。

不仅如此，词汇软件在语音助记法的支持下，还能够自动为学习者划分单词的音节，使得音标的掌握变得更为便捷。这一功能对于那些在音标划分方面不熟练的学习者而言具有重要意义。通过自动划分音节，学习者可以更加清晰地理解单词的构造，这有助于提高他们对音标的准确理解，进而更准确地发音。

语音助记法的引入不仅仅是为了提供更为直观的学习体验，更是为了科学地改进单词的记忆方法。通过听觉方式学习，学习者能够更深入地理解单词的发音规则，从而更好地应用于实际交流中。这种方法同时也弥补了传统音标记忆法在发音准确性上的不足，为学习者提供了更为全面的学习支持。

（三）现有词汇软件的缺陷

1.社交互助功能短缺

在词汇软件中，社交互助功能存在一些短缺，限制了学习者的全面发展。研究表明，共同学习和竞争学习能够激发学习者的积极性，并提高学习效率。然而，当前的词汇软件在社交互助方面存在时空限制，无法提供与学习伙伴的即时互动。传统的线下学习通常通过听写、问答等方式进行考查，而线上学习平台的社交互助功能有限，学习者容易失去学习动力。缺乏学习伙伴也可能导致该 App 用户活跃性下滑。为了解决这一问题，词汇软件需要更强调社交互助，提供实时互动、合作学习的平台，以促进学习者之间的交流和合作，从而更好地激发学习动力和提高学习效果。

2. 拼写功能不完善

当前主流的词汇软件在学习方法上偏向选择题，忽视了拼写的重要性。学习者在选择题中只需选出正确的词义，而拼写方面的考察相对不足。然而，真正掌握一个词不仅需要理解其词义，还需要学习者具备正确拼写和正确运用的能力。由于拼写功能不完善，学习者可能缺乏对词汇拼写的充分练习，从而容易产生拼写错误。词汇软件应该加强对拼写的考核，提供更多的拼写练习，以确保学习者在拼写方面的能力得到全面提升。

3. 学习模式单一

尽管词汇软件在人工智能的支持下改变了单词记忆方式，但学习模式仍然相对单一，主要以基于字典释义的中英解释为主。学习者面对一个单词的多个释义时，往往难以分辨它们之间的区别，并不清楚每个释义的具体应用情境。此外，词汇软件的学习模式较为狭隘，主要以词汇记忆为主，忽视了语法和语境的结合。学生在这种学习模式下难以获得自我表达和实际运用词汇的机会。如果词汇软件只注重让学习者掌握单词的语义，而不与语法和语境相结合，那么学习者掌握的词汇将更多是被动性的，而非能够自主运用的积极性词汇。为了弥补这一缺陷，词汇软件需要更多元化的学习模式，结合语法和语境，使学生能够更全面地掌握和运用所学词汇。

（四）词汇软件的完善建议

1. 增加交互设计

为了提高学习者的积极性和学习效率，词汇软件可以通过增加交互设计来构建更为互动的学习环境。首先，可以创建社群和线上学习小组，以满足学习者不同的学习需求和目标。每个学习小组可以由一名管理人员负责，该管理人员可以制定学习目标、分享背单词的有效方法，并定期发放学习资料，如相关阅读文章或形近词辨析题。通过这种方式，学习者可以在小组中相互学习和交流，形成合作学习的氛围，提高学习动力。

其次，词汇软件可以设计在线竞赛和挑战，以促使学习者更积极地参与学习。设置单词背诵比赛、听写竞赛等活动，激发学习者的竞争意识，使学习过程更富有趣味性。通过这些竞争性的设计，学习者可以在比赛中相互激励，提高学习动力，同时获得更为全面的学科知识。

2. 完善拼写功能

为了确保学习者全面掌握单词，词汇软件可以通过完善拼写功能来提升拼写能力。在人工智能的辅助下，软件可以设计更多的拼写训练，例如填空题或听音默写题。这样的设计能够帮助学习者更深入地理解和记忆单词的拼写，从而在实际运用中避免拼写错误。通过提供多样化的拼写练习，词汇软件能够更好地满足学习者个性化的学习需求，提高学习效果。

3. 丰富学习模式

为了使学习者更全面地理解单词，词汇软件可以通过丰富的学习模式提供更多文本语境。除了以词义为核心的记忆法，软件还可以设置基于文本语境的学习方式。例如，在一段对话或一篇文章中强调所学新词的具体应用场景，让学习者更深入地理解同一单词的不同释义。这样的设计有助于学习者在实际应用中更灵活地使用所学词汇。

此外，词汇软件还可以通过学习论坛的设置促进学习者之间的交流和合作。在论坛上，学习者可以分享用新学词汇造句的经验，相互评价和修改，提高学习者的单词运用能力和思考能力。通过多样化的学习模式，词汇软件可以更好地培养学习者的语言综合能力，使其在语言运用中更为得心应手。

作为提高学习者语言水平和应用能力的关键举措，词汇的学习至关重要。在人工智能的辅助下，词汇软件利用遗忘规律，在帮助学习者识记单词中发挥着重要作用。推动词汇软件的进一步发展，完善基于"人工智能＋教育"的移动学习模式，为学习者提供更多便利，是词汇软件的发展方向，也是时代的潮流。

第三节　人工智能驱动的教学资源与工具

一、智能教材的开发与应用

（一）智能教材的设计与个性化调整

1. 强大的数据分析机制

在人工智能驱动的智能教材中，强大的数据分析机制成为促使个性化学习的关键工具。这一机制深入挖掘学生的学习历史和学科水平，不仅限于简单的成绩记录，还包括了学生在教学过程中的诸多细节，如答题习惯、解题思路等多方面的信息。这种全面而细致的数据分析为智能教材提供了深刻的学生洞察，为教学个性化调整提供了有力的支持。

通过分析学生的学习历史，系统能够追踪学生在不同知识领域的表现，识别其学科强项和薄弱点。这种深度的历史数据分析使得系统能够了解学生在过去学习中取得的成就，并确定其在不同领域的学习进展。例如，系统可以发现学生在词汇积累方面取得较好成绩，但在语法运用方面存在较大挑战，从而有针对性地进行教学调整。

更进一步，强大的数据分析机制不仅仅限于成绩记录，还涵盖了学生在教学过程中的答题习惯和解题思路等方面的多样信息。通过分析学生的答题过程，系统能够了解学生在解决问题时的思考路径、常见错误模式及解题速度等方面的特征。这些细致入微的数据不仅有助于发现学生的学科认知方式，也为个性化教学提供了更为精准的依据。

综合分析学生的学习历史和多方面信息，强大的数据分析机制为系统提供了全面而立体的学生画像。系统可以了解学生在哪些知识点上表现出色，而在哪些方面存在困难。这使得教学不再是简单的知识灌输，而是根据学生的个体特征进行精准的个性化调整。例如，如果系统发现学生在阅读理解方面较弱，可以增加相关练习和辅导，以有针对性地提升其阅读理解水平。

2.动态的教学内容调整

智能教材的设计凸显了其在教学过程中的灵活性，通过深度学习算法实时监测学生的学习过程，以实现动态的教学内容调整。这种创新的方法旨在更好地满足学生个体差异，为其提供更为个性化和有针对性的学习体验。

在智能教材的设计中，深度学习算法被运用于实时监测学生的学习状态和表现。例如，当系统发现一个学生在听力理解方面表现较差时，算法能够自动识别这一问题，并迅速做出调整。这种敏感的监测机制允许系统随时了解学生在各个语言技能领域的强项和薄弱点，从而有针对性地进行教学内容的调整。

举例而言，当智能教材检测到学生在听力理解方面存在困难时，系统可能会自动调整相关练习和听力材料。这意味着学生将更频繁地接触与听力理解相关的内容，通过有针对性的练习和素材，学生能提高听力技能。这一动态调整的过程不仅关注学生的整体学科水平，更注重解决学生在特定技能或知识领域的具体问题。

这种个性化的动态调整有助于更有效地克服学生个体差异。每位学生都能够根据自身的学习需求和弱势领域得到个性化的支持。通过实时监测和调整教学内容，智能教材旨在最大限度地提高学生的学科水平，同时减少其在学习过程中的困扰和挫折感。

（二）实时反馈与知识优化

1. 个性化学习反馈

通过实时监测学生的学习过程，智能教材在个性化学习反馈方面发挥了关键作用。这一创新性的教学手段不仅关注总体成绩，更注重深入分析学生在各个语言技能上的表现，以生成更为个性化和有针对性的学习反馈。这种反馈的精准性和个性化程度为学生提供了清晰的学习方向，使其能够更有效地调整学习策略。

首先，智能教材通过实时监测学生的学习过程，全面了解其在各个语言技能领域的表现。这可能包括但不限于听力、阅读、口语、写作等方面。通过对学生在不同技能上的细致分析，系统能够捕捉到学生的优势和不足之处，为生成个性化反馈奠定基础。

举例而言，系统可能会指出学生在阅读理解方面表现较好，但在口语表达方面有提升的空间。这种具体而有针对性的反馈不仅告知学生其在哪些方面取得了成功，同时也明确了需要重点改进的领域。这有助于学生建立自己的学习优势图谱，更有针对性地调整学习策略和资源分配。

个性化的学习反馈使得学生能够清晰了解自身在不同语言技能上的优势和不足。这一了解不仅有助于学生根据个体差异进行个性化学习，还能够在激发学生学习兴趣的同时，提高学习的针对性和有效性。学生不再被简单的总体评价所束缚，而是通过详细的学习反馈了解自己的具体问题，进而更有针对性地改进和提高。

2. 知识优化机制

智能教材的知识优化机制是一项关键的教学策略，通过分析学生的反馈信息和学科进展情况，不断改进和完善教材内容。这一机制的核心在于及时了解学生对教学内容的理解和反应，以便作出有针对性的调整，确保教学资源的时效性和有效性。

首先，知识优化机制通过分析学生的反馈信息，深入了解学生对不同知识点的理解情况。例如，如果多数学生反馈某一语法知识点难以理解，系统能够快速而准确地捕捉到这一问题。这种实时的反馈机制使得教育者能够抓住学生学习中的痛点和难点，为知识优化提供了明确的方向。

其次，通过分析学科进展情况，知识优化机制可以更全面地了解学生整体的学科水平和进步。系统能够追踪学生在不同阶段的学科发展，识别出哪些知识点更容易被掌握，哪些可能存在难度。这样的全局分析有助于系统更好地调整教材，使之更符合学生当前的学习需求。

举例而言，如果系统发现多数学生在某一语法知识点上的掌握程度较低，知识优化机制可能会通过增加相关案例、解析或提供更多练习来优化教材。这样的调整能够帮助学生更好地理解和掌握困难的知识点，提高学科整体水平。

这一知识优化机制的重要性在于确保教学资源始终能够满足学生的学习需求，使得学生始终能够接触到最适合自身学习阶段的知识。通过不断地调整和更新教材内容，系统能够保持与学科最新发展同步，确保教学内容的前沿性和实用性。

二、在线学习平台的人工智能支持

（一）多样化学科资源的整合

1. 人工智能技术的应用

在线学习平台的发展受益于人工智能技术的广泛应用，这种技术为学生提供了更为全面和多样化的学科学习资源。通过整合人工智能技术，在线学习平台实现了对多样化学科资源的智能整合，涉及在线课程、学习资料和实践项目等多种资源的搜集和分类。这一整合不仅提升了学习资源的组织性，还使其更具针对性，为学生提供了更为丰富的学科学习体验。

首先，在线学习平台通过人工智能算法实现对多样化学科资源的自动识别和整合。这意味着平台能够通过算法自动分类和标签化各种学科领域的在线课程、学习资料和实践项目。通过对这些资源的深度分析，平台能够精准地了解其内容特点，为学生提供更为有针对性的推荐和学科匹配。

其次，这种智能整合不仅仅体现在资源的分类上，还包括对学生个体差异的智能识别。通过人工智能算法，平台能够分析学生的学科兴趣、学习历史和学科水平，从而为每位学生个性化地推荐学科资源。这种个性化推荐使学生更容易找到符合其学科兴趣和学习需求的资源，提高学习体验的个性化程度。

最后，人工智能技术的应用还能够提升学科资源的实效性。平台可以通过分析学科发展趋势和最新研究，为学生提供与时俱进的学科资讯。这种及时更新的学科内容使学生能够接触到最新的知识和发展动态，保持对学科的热情和好奇心。

2.智能推荐算法的运用

在线学习平台在整合多样化学科资源的基础上，通过智能推荐算法为学生提供个性化的学科资源推荐，从而进一步提升学生的学习体验。这种智能推荐系统不仅能够根据学生的学科兴趣、学习历史和学科水平进行智能筛选，还能够精准地为每位学生定制个性化的学科学习路径。这一应用使得学生更容易找到符合其需求和兴趣的资源，激发学习的主动性和动力。

首先，智能推荐算法通过分析学生的学科兴趣进行精准的资源匹配。算法能够识别学生对不同学科的喜好，从而为其推荐更符合兴趣的学科资源。例如，一个对文学感兴趣的学生可能在推荐列表中看到与文学相关的英语学习材料，这种个性化的推荐能够更好地满足学生的兴趣需求，提高学习的吸引力和参与度。

其次，智能推荐算法综合考虑学生的学习历史和学科水平。通过分析学生在先前学习过程中的表现和成绩，系统能够了解学生的强项和薄弱点。基于这些信息，算法能够为学生推荐适合其当前水平的学科资源，保证学生在学科学习过程中始终面临适度挑战，同时不至于过于困难或简单。

最后，智能推荐算法的运用不仅在于推荐课程，还包括其他多样化的学科资源，如学习资料、实践项目等。系统通过深度学习算法，能够更全面地了解学生的学科需求，为其提供更为多元化的学科学习体验。这样的全面性推荐使学生能够更全面地涉猎不同方面的知识，促使其形成更为综合的学科素养。

（二）智能推荐系统的优化学科涉猎

1.学科兴趣的深入分析

在线学习平台的智能推荐系统通过深入分析学生的学科兴趣，旨在更全面地了解学生的学科偏好和倾向。这深度分析的基础主要包括学生在特定学科领域的浏览历史和课程选择倾向等多方面的数据。通过对这些数据的仔细研究和分析，系统得以更准确地洞察学生的学科兴趣，为后续的推荐过程提供更为精准的基础。

其一，通过学生的浏览历史进行深入分析。智能推荐系统会追踪学生在平台上浏览过的各种学科相关内容，包括课程、文章、视频等。通过分析学生在不同学科领域的浏览记录，系统可以了解学生对哪些学科表现出更高的兴趣。例如，如果一个学生频繁浏览关于文学的课程和文章，系统就能推断该学生对文学领域的兴趣较大，从而为其提供更多相关学科资源的推荐。

其二，系统会关注学生的课程选择倾向。通过分析学生选择的课程类型、学科方向等信息，系统能够洞察学生在学科学习方面的个人偏好。如果一个学生更倾向于选择数学和科学相关的课程，系统就可以推测该学生对数理类学科的兴趣更为浓厚，并在推荐时更多地侧重于这些领域。

深入分析学生的学科兴趣不仅仅依赖于表面的点击和浏览数据，还需要结合学生的学科成绩、学习历史等多维度信息进行综合考量。通过综合分析这些数据，智能推荐系统能够更全面、准确地了解学生的学科偏好，从而提供更为个性化和符合学生兴趣的学科资源推荐。

2.精准的学科学习路径定制

基于学科兴趣的深入分析，智能推荐系统在在线学习平台中扮演着关键的角色，通过精准的学科学习路径定制，其为每个学生提供个性化的学习体验。这一系统利用先进的数据分析和人工智能技术，根据学生的学科兴趣和偏好，为其量身定制学科学习路径，从而引导学生深入学习感兴趣的学科领域。

首先，智能推荐系统通过深入分析学生的学科兴趣，理解其在不同学科领域的偏好。通过追踪学生的浏览历史、课程选择记录等数据，系统能够识别学生对哪些学科表现出更高的兴趣。例如，如果一个学生频繁选择与文学相关的课程并在平台上阅读大量文学文章，系统就能明确该学生对文学领域的浓厚兴趣。

其次，系统基于学科兴趣为每个学生精准地定制学科学习路径。推荐系统会根据学生的兴趣推荐相关的进阶课程、研讨资料、实践项目等学科资源，确保学生能够深入学习与其兴趣相关的内容。例如，如果一个学生对生物学表现出浓厚兴趣，系统可能会推荐生物学的深度课程、相关研究资料等，以满足学生对该学科的深入需求。

这样的个性化定制使得学科学习路径更加贴近学生的实际需求。学生不仅能够深入研究感兴趣的学科领域，而且能够按照自己的学习节奏和兴趣方向发展，提高学习的针对性和深度。此外，通过智能推荐系统的引导，学生还能够拓展学科涉猎面，探索与兴趣相关的新领域，丰富个人学科知识体系。

第五章　人工智能驱动的英语翻转课堂设计与实施

第一节　设计理念与目标

一、教学理念的明确

在人工智能驱动的英语翻转课堂设计中，教学理念的明确成为设计的核心。该理念旨在构建一个以学生为中心的学习环境，通过引入人工智能技术，课堂设计将更加注重满足学生的个性化需求和激发他们的学科热情。这一理念的核心思想在于培养学生在学科学习中的主动性，自主学习能力，批判性思维及团队协作技能，以更好地适应未来社会对于学生全面发展的需求。

在这一教学理念下，教学设计将致力于以学生为主体，激发他们对英语学科的浓厚兴趣。引入人工智能技术的目的不仅仅在于提供高效的学科资源，更在于通过个性化的学习路径和反馈机制，满足学生在学科学习中的个体差异。教师将不再仅仅是知识的传授者，更成为学习的引导者和合作的促进者。

在这一学生中心的教学理念下，关注学生的整体发展，不仅强调语言技能的提高，更注重学科知识与实际应用的结合，通过引导学生思考、解决问题和合作交流，培养他们的批判性思维和团队协作技能。这一教学理念明确了学生在整个学习过程中的地位，强调他们是学习的主体，通过积极参与和合作达到个体和集体的共同发展。

二、设计目标的详细规划

在提高语言技能水平的设计目标中，我们将专注于全面培养学生的听说读写四大语言技能。通过智能化教材设计、多媒体资源的优化利用及实践性任务的设计，我们致力于为学生提供个性化、全面的语言学习体验。图 5-1 为设计目标的详细规划架构。

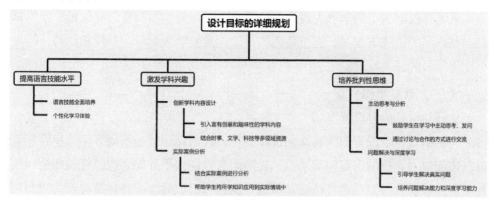

图 5-1　设计目标的详细规划架构图

（一）提高语言技能水平

1.语言技能全面培养

（1）智能化教材设计

通过整合人工智能技术，我们将开发智能化教材，涵盖听说读写四大语言技能。这些教材将根据学生的学习表现进行动态调整，以满足每个学生在各项语言技能上的个体需求。智能化教材将结合实时语音识别、自然语言处理等技术，提供实时反馈和个性化指导，帮助学生迅速纠正语言错误，提高语言技能水平。

（2）多媒体资源的优化利用

利用人工智能技术挖掘和整合大量多媒体资源，如音频、视频、图文等，以激发学生的多感官体验。学生将通过多元化的学习材料，更全面地感知和理解语言，从而提高听说读写的综合能力。

（3）实践性任务设计

设计具有实践性的语言任务，使学生能够将所学语言技能应用于实际场景。通过与实际问题相关的任务，学生将在解决问题的过程中不断提高语言技能，促进对语言的深入理解。

2.个性化学习体验

（1）学科偏好的识别与反馈

借助人工智能的学习分析技术，系统将定期分析学生的学科偏好，并根据个体差异提供相应的学科内容推荐。通过不断优化学科内容，确保每个学生在翻转课堂中都能够找到最适合自己学科偏好的学习路径。

（2）学习水平的动态调整

系统将根据学生的学习表现和反馈进行动态调整学习难度，确保每个学生都能够在适当的挑战下学习。通过适度的挑战，激发学生学习的兴趣和动力，推动个性化学习的深入发展。

（二）激发学科兴趣

1.创新学科内容设计

为了实现以上设定的翻转课堂设计目标，我们将通过一系列有序的步骤和策略，详细规划课程的内容和活动。从提高语言技能水平开始，我们将关注全面培养学生的听说读写四项语言技能，通过智能化教材设计、多媒体资源的优化利用及实践性任务设计，打造一个富有活力和实用性的学习环境。

在个性化学习体验方面，我们将通过学科偏好的识别与反馈，以及学习水平的动态调整，确保每个学生在课堂中都能够体验到最适合自己的学习路径。这不仅关注于学科内容的个性化推荐，还关注学习难度的适度调整，以促进学生的学习兴趣和动力。

在激发学科兴趣的层面，我们将致力于创新学科内容设计，引入富有创意和趣味性的学科内容，以多元化的方式激发学生对英语学科的兴趣。同时，通过实际案例的分析，学生能够更深入地理解英语在实际生活中的应用，增强学科学习的主动性。

最后，为培养批判性思维，我们将设计活动鼓励学生在学习中主动思考、发问，并通过讨论与合作的方式进行交流。通过问题解决与深度学习的实践，学生将培养独立思考和分析的能力，形成批判性思维，并在评估和分析不同观点中形成更深层次的理解。

2.实际案例分析

实际案例分析在英语翻转课堂中扮演着关键角色，通过将所学英语知识应用到真实情境中，学生能够更深刻地理解语言的实际应用价值，从而激发对学科的浓厚兴趣，并提高学科学习的主动性。

以一则实际案例为例，考虑一个商务英语的情境，学生需要协助一家国际公司处理一份重要的合同。通过阅读和分析合同文件，学生需要理解并运用专业的商务英语表达，涉及合同条款、法律术语等方面的语言技能。这个案例不仅要求学生在语言上的准确运用，还要求他们运用英语思维解决实际的商务问题。通过这个过程，学生不仅仅是在学习语法和词汇，更是在实际应用中培养了解决问题的能力。另外，该案例中涉及的跨文化交际也促使学生思考和理解不同文化背景下的表达方式和交际规则。通过引导学生分析这一实际案例，课堂可以深入挖掘语言在实际工作中的运用，从而使学生更全面地理解商务英语领域的知识。这种实际案例分析不仅培养了学生的语言技能，更锻炼了他们的批判性思维、问题解决和跨文化沟通能力。因此，通过将实际案例融入翻转课堂设计，我们不仅能够提升学生的语言水平，还能够为其提供更具实践性和学术价值的学习体验。

（三）培养批判性思维

1. 主动思考与分析

在设计翻转课堂活动时，强调学生展现主动思考与分析的能力，通过参与讨论与合作，促使他们深入思考语言现象。通过精心设计的课程活动，学生将被引导在学习过程中主动提出问题、思考解决方案，并通过与同学的讨论和合作交流，不仅加深对英语语言的理解，同时培养对语言现象的敏感性。这一方法不仅注重知识的传授，更关注学生个体的主动学习体验。

在创造积极的学习氛围的课堂中，学生将更愿意展开思考，提出问题，并追求对问题的深层次理解。这种学习方式将激发学生对语言问题的浓厚兴趣，推动其积极思考语言背后的逻辑和规律。通过引导学生参与小组合作，他们将在不同观点的碰撞中更深入地理解语言的多样性。这样的课程设计不仅仅注重学科知识的传递，更致力于培养学生的批判性思维和问题解决的能力。

通过鼓励学生主动思考与分析，翻转课堂将为学生提供一个更加富有深度和广度的学习平台，使其在语言学科中取得更为全面的发展。这样的学术设计不仅有助于提高学生的语言水平，更在学科学习的过程中培养了他们主动思考和批判性思维的能力，具有重要的学术价值。这一方法不仅注重知识的传授，更关注学生个体的主动学习体验，使得学生在学术探究中培养问题解决与深度学习的能力。

2. 问题解决与深度学习

通过引导学生解决真实问题，英语教育致力于培养学生的问题解决能力和深度学习能力。在这一教育理念下，课堂将更加注重引导学生进行独立思考和深入研究，以促使他们形成独立的见解，并通过批判性思维评估和分析不同观点。

问题解决能力是学生在面对复杂问题时，运用已有知识和技能，主动寻找解决方案的能力。在英语学习中，这涉及语言表达、阅读理解、口语表达等多方面的技能。通过将学生置身于真实问题情境中，教育者可以激发学生的学习兴趣，让他们在解决问题的过程中不断提升语言运用的能力。例如，设计一个实际情境中的英语对话任务，让学生在模拟场景中运用所学知识进行交流，从而锻炼他们实际运用英语解决问题的能力。

深度学习能力则侧重于学生对知识的深入理解和运用。这要求学生不仅能够掌握表面的知识点，还要能够理解知识的内在逻辑，形成对知识的深刻见解。在英语教育中，深度学习不仅仅是死记硬背词汇和语法规则，更是理解语言背后的文化、历史、社会背景，培养学生对语言的深层次理解。通过引导学生在解决问题的过程中深入挖掘相关知识，教育者可以促使学生形成更为综合和深刻的学习体验。

课堂中的独立思考和研究不仅要求学生在解决问题时能够主动思考，还要求他们能够通过自主学习的方式不断深化对问题的理解。这种学习方式有助于激发学生的学习兴趣和主动性，培养他们主动获取知识的能力。通过批判性思维的引导，学生将能够更全面地理解问题，分析不同观点，并形成独立的判断和见解。这不仅有助于提高学生的学术水平，还培养了他们面对未知问题时主动探究的品质。

第二节　基于人工智能的学习资源开发

基于人工智能的英语教学学习资源开发是一项关键的教育创新工作，其涵盖学生档案建设、学习路径算法设计和多元化资源引入等多个层面，旨在提供更加个性化和高效的英语学习体验（图 5-2）。

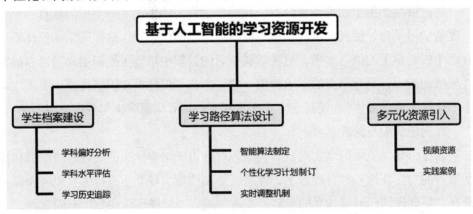

图 5-2　基于人工智能的学习资源开发架构图

一、学生档案建设

1. 学科兴趣调查

（1）调查设计与实施

为建立学科偏好分析系统，我们首先进行了广泛的学科兴趣调查。采用问卷调查（附录一）和面谈（附录二）等方式，系统地了解学生对不同英语学科领域的兴趣程度及相关因素。

（2）喜好程度分析

分析学生对英语学科各领域的喜好程度，以定量和定性的方式呈现数据。通过图表、统计学方法等手段，全面把握学科兴趣的分布和趋势。

（3）学科内容类型喜好

深入了解学生对于英语学科内具体内容类型的喜好，例如文学、语法、口语等。通过对调查结果的细致解读，系统能够为个性化学习提供更具体的支持。

2.学科倾向分析

（1）综合分析

结合学科兴趣调查结果，进行综合分析，识别学生在英语学科中的整体倾向。这有助于系统更全面地了解学生的学科喜好，为后续的个性化学习路径提供基础。

（2）关联分析

探究不同学科领域之间的关联，以发现学生潜在的交叉学科兴趣。通过深度关联分析，系统可以更准确地预测学生可能感兴趣的学科组合，从而提供更有针对性的学科选择建议。

（二）学科水平评估

1.英语水平综合评估

（1）词汇量测评

采用标准化测评工具，对学生的词汇量进行量化测评。通过综合分析测评结果，系统能够客观地评估学生在词汇方面的水平，并为后续学习提供有针对性的词汇拓展建议。

（2）语法掌握程度评估

通过语法知识测试、书面作业等方式，全面评估学生的语法掌握水平。这不仅有助于系统把握学生在语法方面的薄弱点，还为后续的个性化学习路径提供调整方向。

2.听说读写能力评估

（1）听力与口语评估

采用听力测验和口语表达评估工具，全面了解学生在英语听说方面的表现。通过综合评估，系统能够精准评估学生的口语沟通能力，为个性化口语培训提供依据。

（2）阅读与写作能力评估

通过阅读理解测试、写作作业等方式，深入评估学生的阅读与写作水平。系统能够通过分析这些数据，为学生提供个性化的阅读与写作训练计划，推动其在这两个方面的全面发展。

（三）学习历史追踪

1. 学习表现记录

（1）考试成绩记录

建立完善的考试成绩档案，记录学生在英语学科相关考试中的表现。通过对考试成绩的长期追踪，系统能够识别学生在不同学科领域的稳定表现和波动趋势。

（2）课堂参与观察

通过教师观察、同学评价等方式，记录学生在课堂上的表现与参与情况。这有助于系统更全面地了解学生的学科态度和学习习惯，为后续个性化学习路径的调整提供参考。

2. 学科发展轨迹分析

（1）个体发展趋势

分析学生在学科学习中的个体发展趋势，包括进步速度、学科兴趣的变化等。通过对发展轨迹的深入挖掘，系统能够更好地理解学生的学科成长路径。

（2）预测发展方向

基于学习历史数据，通过机器学习算法等手段，系统尝试预测学生未来的学科发展方向。这使得系统能够提前为学生制订更具前瞻性的个性化学习计划，更好地满足其学科发展需求。

二、学习路径算法设计

（一）智能算法制定

1. 学科偏好因素考虑

（1）学科偏好特征提取

利用机器学习技术，从学生档案中提取学科偏好特征。这可能包括对学科领域的兴趣程度、喜好类型的聚类分析等，从而为算法提供学科偏好的数据基础。

（2）学科偏好权重赋值

为不同学科偏好因素赋予权重，以反映学生对不同学科领域的重视程度。通过数据挖掘技术，系统能够动态地调整权重，以适应学生学科兴趣的变化。

2. 学科水平评估因素考虑

（1）水平评估模型建立

基于学生档案中的水平评估数据，建立综合的学科水平评估模型。考虑词汇量、语法掌握、听说读写等方面的维度，使模型更全面、准确地反映学生在英语学科中的水平。

（2）动态水平评估

通过实时监控学生学习过程中的表现，不断更新学科水平评估。机器学习算法能够根据学生的学科进展，动态地调整水平评估，确保评估结果更具实时性和准确性。

3.学习历史因素考虑

（1）学科发展轨迹分析

利用学习历史数据，分析学生在过去的学习过程中的学科发展轨迹。这有助于算法更好地理解学生的学科优势和薄弱点，为个性化学习路径的制定提供历史参考。

（2）学习历史特征挖掘

通过数据挖掘技术，挖掘学生学习历史中的关键特征，例如在哪些学科领域取得优异成绩、在哪些方面存在常见错误等。这将有助于智能算法更有针对性地为学生提供学科学习建议。

（二）个性化学习计划制订

1.知识点权重分配

（1）智能算法输出解读

将智能算法的输出转化为具体的知识点权重。不同学科领域的知识点根据学生的学科偏好和水平评估结果被赋予不同的权重，以确保个性化学习计划的精准性。

（2）优先学习路径规划

根据知识点权重，制定学科学习的优先路径。系统将优先推荐学生集中精力在其学科偏好和水平相对较低的知识点上，以最大限度地提高学科学习效率。

2.学习速度调整

（1）学习进度监控

建立实时监控机制，追踪学生在个性化学习计划中的学习进度。这需要系统实时获取学生在不同知识点上的学习表现数据，包括学习时间、理解程度等。

（2）学习速度动态调整

根据学习进度数据，动态调整学生的学习速度。对于掌握较快的知识点，系统可提前推荐下一个知识点；而对于存在难度的知识点，系统可降低难度或提供更多辅助资源，以确保学生保持在合适的学习节奏中。

（三）实时调整机制

1.学习过程监控

（1）实时数据采集

建立实时数据采集系统，收集学生在学习过程中的各类数据，包括答题情况、在线学习时长、交互反馈等。

（2）学习行为模式分析

通过机器学习技术，分析学生的学习行为模式。系统可以从学生的行为中识别出学科偏好变化、学习瓶颈等信息，为实时调整提供数据支持。

2.学习路径动态调整

（1）机器学习算法应用

利用机器学习算法对实时数据进行分析，识别学生学科学习中的问题和进展。算法能够根据学生的实时需求，实时调整学科学习路径，以满足学生的个性化学习需求。

（2）个性化反馈机制

建立个性化反馈机制，及时向学生提供个性化的学习建议。这可能包括对某一知识点的额外解释、针对性的练习题目或推荐学习资源，以帮助学生克服学科学习中的困难。反馈内容应该根据学生的学科偏好和水平评估结果，具有个性化和针对性，以提高学生学科学习的效果。

三、多元化资源引入

（一）视频资源

1.构建视频资源库

（1）教学视频

在视频资源库中，包含由资深教师制作的高质量教学视频。这些视频覆盖英语学科的各个领域，从基础知识到高级技能，以便学生能够根据自己的学科水平选择适当的教学内容。

（2）学科解析视频

提供学科解析视频，对英语学科中的复杂概念、语法规则等进行深入解释。这有助于学生更好地理解抽象概念，巩固学科基础。

（3）英语实践案例分析

引入实际生活中的英语应用场景，通过案例分析的形式展示。学生可以通过这些案例了解英语在不同情境中的实际运用，增加学科的实用性。

2.视听方式的学习

（1）视觉学习

视频资源为学生提供了直观的视觉学习方式。通过图像和动态演示，学生更容易理解英语学科中的抽象概念，例如语法结构、发音规则等。

（2）听觉学习

英语教学视频不仅仅通过文字呈现，还包含了口语表达和自然语音，这有助于学生培养听力理解能力。这对提高学生的听说能力具有积极作用。

（3）学科吸引力和趣味性

通过视听方式呈现学科内容，增加了学科的吸引力和趣味性。学生更容易沉浸在生动的视频教学中，提高学科学习的主动性和积极性。

（二）实践案例

1.案例选择与设计

（1）涵盖多个应用场景

引入实践案例要涵盖多个英语应用场景，如商务交流、旅游英语、学术写作等，以满足学生在不同领域的学科需求。

（2）理论与实际结合

实践案例应该紧密结合学科理论知识，将学科知识在实际场景中的应用展示给学生。这有助于学生更好地理解和掌握学科内容。

2.提升学科实用性

（1）深度学习

通过实践案例，学生能够在实际问题中深度学习，提高对学科知识的实际应用能力。这培养了学生的实际解决问题的能力，而不仅仅是理论的掌握。

（2）跨学科整合

实践案例的设计应该能够促使学生跨学科整合知识，将英语学科与其他学科领域有机结合。这有助于培养学生更全面的认知和应用能力。

3.促进深度学习

（1）主动参与

实践案例的引入使学生更主动地参与学科学习，通过解决实际问题来巩固和应用所学的英语知识。

（2）反馈机制

建立实践案例的反馈机制，及时给予学生对实际应用的反馈。这有助于学生认识到自己在实践中的优势和不足，进而调整学科学习策略。

第三节 英语翻转课堂设计与实施

一、课前学习任务的安排

（一）智能化预习任务

1.任务设计

（1）个性化任务推荐

通过人工智能系统分析学生的学科偏好、水平评估和学习历史，个性化地为每位学生推荐预习任务。这包括阅读材料、视频学习、在线测验等多样化的学科学习资源。

（2）预习任务的多层次设置

为满足不同学科水平学生的需求，设置多层次的预习任务。对于学科知识掌握较好的学生，提供深度拓展任务；对于学科知识薄弱的学生，设置基础巩固任务，以确保每位学生都能在预习中获得有效的学科知识提升。

2.在线平台支持

（1）学科内容呈现

在在线平台上提供多媒体学科内容，包括文字、图像、视频等，以满足不同学生的学科习惯和接受方式，确保预习任务的内容丰富、生动，提高学生的学科学习积极性。

（2）任务反馈机制

设置智能化的任务反馈机制，及时了解学生在预习中的表现。通过系统分析学生的预习数据，提供个性化的反馈，帮助学生更好地理解学科内容，为课堂互动提供基础。

3.提高学科学习主动性

（1）学科学习计划

为每位学生制订个性化的学科学习计划。基于智能算法的输出结果，系统能够推荐合适难度和内容的预习任务，激发学生对学科学习的主动性。

（2）预习任务的挑战性

设置一定难度的预习任务，既能激发学生的学科兴趣，又能让学生在预习中面对一定的挑战，提高学科学习的深度和广度。

（二）学科知识筛查

1.自主学习和思考

（1）学生思维导向

通过人工智能系统分析学生的学科学习思维导向，帮助学生自主进行学科知识筛查。系统能够识别学生的思维偏好，为学生提供符合其思考方式的学科学习建议。

（2）知识筛查任务设计

设置有针对性的知识筛查任务，引导学生对已学知识进行思考和总结。这包括对重点概念的理解、对常见错误的辨析等，使学生在预习中形成对学科知识的更深层次理解。

2.人工智能系统的评估

（1）学科知识点评

建立学科知识点评体系，通过人工智能系统的评估，识别学生可能存在的理解误区。系统能够分析学生对特定知识点的掌握情况，为课堂纠正提供具体依据。

（2）个性化的纠错建议

智能系统针对学生的知识点评，提供个性化的纠错建议。这些建议可以包括针对性地补充材料、在线讲解视频等，以帮助学生更好地纠正理解误区。

3.提高学科学习效果

（1）知识点强化

根据知识筛查的结果，智能系统能够推荐相关的知识点强化任务。这有助于学生在预习中将注意力集中在对学科重要知识点的理解上，提高学科学习效果。

（2）课堂互动参与度

通过预习任务的知识筛查，提高学生对课堂互动的参与度。学生在预习中解决了一部分疑惑，更愿意在课堂上与教师和同学进行深入的讨论和交流。

二、课堂互动与实践活动设计

（一）小组协作学习

1.活动设计

（1）小组成员匹配

小组协作学习的成功实施离不开合理的小组成员匹配策略。在此背景下，人工智能系统的运用为小组成员的智能匹配提供了有效的解决方案。系统对学生的学科水平、学科偏好和学习历史等多方面数据的综合分析，可以实现对学生进行精准的个性化匹配。其中，学科水平是匹配的核心指标，系统会将学科水平相近的学生进行匹配，确保每个小组都具有均衡的学科水平。

第一，通过人工智能系统对学生学科水平的准确评估，系统能够深入了解每位学生在英语学科中的知识掌握程度。这不仅包括词汇量、语法掌握程度等方面的能力评估，还考虑了学生在听、说、读、写等方面的综合表现。系统会根据这些信息为每个学生建立相应的学科水平档案，形成全面而具体的学科水平数据。

第二，学科偏好也成为匹配的重要依据。人工智能系统能够通过收集学生对不同英语学科领域的喜好程度和喜欢的学科内容类型等信息，建立学科偏好分析系统。这个分析系统能够从学生的兴趣出发，更好地把握每位学生对英语学科的倾向。在小组匹配中，系统会优先考虑将在学科偏好上相近的学生组成一个小组，以提高小组成员间的学科兴趣共鸣。

第三，学习历史的综合分析也是匹配的重要环节。通过建立学习历史追踪系统，记录学生在过去的学习过程中的表现、成绩和学科发展轨迹，系统可以识别学生的学科优势和薄弱点。这些信息在小组匹配时起到关键作用，系统会尽量将相互补充的学科能力组合在一起，以促进小组成员间的学科合作和学习效果。

（2）小组任务设置

小组协作学习的有效实施离不开具有挑战性和实际性的小组任务的科学设计。在这一背景下，小组任务的设置成为关键环节，旨在激发学生的团队协作精神和提升语言综合运用能力。这一设计理念通过人工智能系统的支持，可以更为深入地贯彻到实际教学中。

首先，小组任务的设计应注重挑战性，以促使学生面对更为复杂和有深度的学科内容。例如，可以设定文本分析任务，要求小组成员对一篇英语文章进行深入解读，分析其中的语法结构、词汇运用和作者意图等方面。这样的任务不仅需要学生有较高的语言分析能力，还能够培养他们对学科知识的深刻理解和运用。

其次，小组任务应具备实际性，要求学生将学科知识应用到实际场景中。例如，可以设计口语表达任务，要求小组成员在模拟的实际情境中进行英语口语表达。这种任务能够激发学生运用学科知识的主动性，培养他们在实际语境中运用英语的能力，提升语言实用性。

除此之外，实际应用任务也是小组任务设置的重要组成部分。可以设定实际应用任务，要求小组成员在特定场景下运用英语进行交流或解决问题。这种任务旨在锻炼学生将学科知识应用到实际生活中的能力，培养他们在实际情境中迅速、准确地运用英语的技能。

人工智能系统在小组任务设计中的作用主要体现在任务的个性化和智能化上。系统可以根据每位学生的学科水平、学科偏好和学习历史等信息，为小组成员提供更符合其能力和兴趣的任务。这种个性化设计有助于激发学生的学科兴趣，提高任务完成的积极性。

2.互动机制

（1）实时互动平台

在小组协作学习中，建立实时互动平台是促进学科学习深入的关键策略之一。这一平台的设计旨在为小组成员提供在线共享信息、进行讨论和协作的便捷途径，从而增强学科学习的实时性和互动性。借助人工智能系统的监测和支持，该平台不仅提供即时反馈，还能促进学生在学科学习中的更深层次参与。

首先，实时互动平台的建立使得小组成员能够在线共享信息。通过该平台，学生可以随时分享学科学习的心得、资料和观点，实现实时信息的传递。这种信息共享不仅有助于小组成员之间的学科知识交流，还能够拓展学科学习的广度和深度，使得每位学生都能够从多角度理解和掌握学科内容。

其次，实时互动平台为小组讨论提供了强大的支持。学生可以通过平台进行在线讨论，共同解决学科学习中遇到的问题，提出自己的见解和疑问。人工智能系统的监测功能能够实时分析小组讨论的质量，提供针对性的建议和指导。这种即时的讨论平台有助于促进学生在学科学习中形成全面而深刻的认知。

最后，实时互动平台还提供了在线协作的机会。小组成员可以共同编辑文档、设计项目，实现学科合作学习的无缝衔接。人工智能系统通过监测小组协作情况，可以及时发现潜在的协作问题，并提供个性化的解决方案，以保障小组协作的高效性。

实时互动平台的优势不仅在于学科学习的实时性，还在于其能够促进学科学习的深入。通过监测学生在平台上的互动情况，系统可以了解每个学生的学科参与度、贡献度等指标。这些信息可以为教师提供更全面的学科教学评估信息，从而更好地调整教学策略，提高学科学习的质量。

（2）学科导师支持

在小组协作学习中引入学科导师，结合人工智能系统的分析功能，为导师提供学生学科水平和学科合作学习情况的详尽分析，是一项旨在提高小组学科学习效果的重要举措。通过这种融合导师支持和智能系统的个性化监测，我们可以更好地促进学生在小组协作中的学科水平提升、团队合作技能的培养及个体学科的全面发展。

其一，学科导师的介入为小组学科学习提供了专业的指导。通过人工智能系统分析学生的学科水平，导师能够更全面地了解每位学生的学科掌握情况。这使得导师可以根据学科水平的不同，为学生提供个性化的学科指导，帮助他们更好地理解和应用学科知识。导师的专业指导有助于解决学科学习中的难点问题，提高学科的整体水平。

其二，导师在学科合作学习中的介入可以提供团队协作的指导。通过人工智能系统监测小组协作学习情况，导师可以迅速了解每个小组的合作模式、团队氛围及学科交流的频率。基于这些数据，导师可以在需要时提供针对性的团队协作指导，促进学生更有效地在小组中协同工作，增强团队协作精神。

其三，学科导师还能够通过人工智能系统及时发现学科学习中的问题，并提供有针对性的解决方案。例如，当导师发现某个学生在特定学科领域存在困难时，可以通过个性化的辅导手段提供额外的学科支持。这种及时的个性化指导有助于防范和解决学科学习中的问题，提高学科学习的整体效果。

其四，导师的参与还可以为学科合作学习提供更全面的评估。通过人工智能系统分析学生在小组协作学习中的表现，导师可以得知每个学生的贡献度、参与度和学科交流的质量。这些评估数据有助于导师更全面地了解学生的学科学习状况，为个性化学科指导提供更有针对性的建议。

3.学科合作学习效果

（1）综合运用语言技能

小组协作学习为学生提供了一个有利于综合运用英语听说读写技能的环境。在这种学习模式下，学生不仅需要通过口头交流表达自己的观点，还需要通过阅读和书写参与小组任务。结合人工智能系统的监测和评估功能，我们可以确保每位学生在小组中充分发挥自己的语言能力，最终提升整体学科学习效果。

一是，小组协作学习促使学生通过口头表达来展示自己的听说技能。在小组讨论和合作中，学生需要清晰地表达自己的观点、回答问题及与小组成员进行有效交流。这种口头表达不仅锻炼了学生的口语表达能力，还培养了他们在学科领域中表达思想的能力。

二是，小组任务中的阅读要求学生理解和分析相关文本材料。通过阅读，学生能够获取新的学科知识，理解他人观点，并为小组讨论提供支持。人工智能系统的监测功能可以帮助教师了解学生在阅读方面的能力水平，从而为提供个性化的辅导和支持提供数据支持。

同时，小组协作学习也需要学生进行书写，包括撰写小组报告、总结讨论结果等。这锻炼了学生的书写技能，使其能够准确地表达自己的观点和总结学科内容。通过人工智能系统的评估，教师可以了解学生在书写方面的表现，并根据需要提供指导和帮助。

通过综合运用听说读写技能，小组协作学习不仅使学生在语言层面上得到全面锻炼，还有助于培养学生的团队协作能力。学生在小组中相互交流、合作解决问题，不仅提高了个体的语言表达水平，也促进了团队的整体学科学习效果。

（2）团队协作精神培养

小组协作学习作为一种教学策略，旨在培养学生的团队协作精神，强调通过小组合作实现共同学科目标。在这个过程中，系统分析学生在小组中的协作表现并提供个性化的团队协作培训，成为关键的一环。这一综合的方法不仅有助于学生更好地理解和尊重团队成员，还能够增强学生的团队协作能力，从而提升整体的学科学习效果。

首先，小组协作学习通过系统分析学生在小组中的协作表现，为教师提供了深入了解学生团队行为和个体贡献的途径。通过人工智能系统监测小组成员的互动、合作及对任务的参与程度，教师可以了解每位学生在团队中的角色扮演、沟通风格及对团队目标的贡献。这种细致入微的分析为教师提供了有效的数据支持，使其能够更好地指导和引导学生的团队协作。

其次，系统提供个性化的团队协作培训，有助于学生更全面地掌握团队协作技能。通过分析学生在小组协作学习中的表现，系统可以识别每个学生的团队协作优势和待提升之处。基于这一分析，系统可以为每位学生提供个性化的培训计划，以强化其在团队中的角色，提高协作效能。这种个性化的培训能够满足学生不同水平和需求的团队协作技能发展。

同时，系统的及时反馈和建议有助于调整团队协作策略。通过监测学生在小组中的协作过程，系统可以即时识别出潜在的协作问题，并提供个性化的建议和指导。这种实时的反馈机制使得学生能够更快速地调整协作策略，促进团队协作得更加顺畅和高效。

通过综合运用系统分析和个性化培训，小组协作学习不仅仅注重学科内容的传递，更注重培养学生在团队中的合作能力。这种团队协作精神的培养将对学生未来的职业发展和社会交往产生积极影响，使其更具领导力和团队协作能力。

（二）实践案例分析

1. 案例引入

（1）实际应用场景

引入实际案例，涵盖多个实际应用场景，如商务会话、社交场合用语、学术讨论等。这能够使学生将学科知识更好地应用于实际生活中，增加学科实用性。

（2）学生合作分析

安排学生在小组中共同分析实践案例，通过人工智能系统监测学生在分析中的合作情况。系统可以提供实时的合作反馈，帮助学生改进协作方式，提高实践分析的效果。

2. 实践能力培养

（1）语境理解

实践案例分析要求学生对语境有深刻的理解。通过人工智能系统分析学生对语境的把握情况，提供个性化的语境理解辅导，以提高实践能力。

（2）综合运用知识

实践案例的设计应鼓励学生综合运用所学知识。通过系统的知识点分析，确保学生在实践中能够灵活运用学科知识，提高实际语言运用能力。

3. 提升学科实践效果

（1）反馈机制

建立实践案例分析的反馈机制，通过人工智能系统即时为学生提供实际案例的反馈。反馈内容包括语言表达准确性、实际场景运用能力等，促使学生更深入地思考和改进。

（2）学科知识应用

实践案例分析要求学生将学科知识应用到实际场景中。通过系统的知识点评，确保学生在实践案例中准确运用所学知识，提高学科实践效果。

（三）智能化个性化辅导

1. 辅导内容个性化

（1）学科水平调整

通过人工智能系统的学科水平评估，智能化个性化辅导可以根据学生的学科水平调整教学内容，确保每位学生在课堂中能够接收到适合自己水平的辅导。

（2）兴趣驱动

辅导内容不仅考虑学科水平，还考虑学生的兴趣。通过系统分析学生的学科偏好，为每位学生提供更符合其兴趣的学科内容，增强学科学习的吸引力。

2.学科进展监测

（1）实时学科进展

通过人工智能系统实时监测学生在学科中的学习进展。系统可以分析学生的学科表现，包括课堂互动、小组协作、实践案例分析等方面的数据，以了解每位学生的学科进展情况。

（2）预警机制

建立智能化的学科进展预警机制，通过系统分析学生的学科学习数据，及时发现学科困难或滞后的迹象。预警机制可以提供给教师和学生，以共同制定适当的学科学习调整方案。

三、英语阅读教学中"翻转课堂"模式实践方法

在英语学习中，阅读能力是一项重要的语言技能，它的提升不仅与大学生发展需求相符合，还和社会对大学生的能力要求相契合。但从现实教学情况来看，英语阅读教学模式还存在一定限制，如课前自主学习以阅读材料生词、短语查找为主，课堂上教师针对文章重点短语、单词、语法进行讲解分析，课后布置新阅读内容，为下节阅读课做准备。这种模式十分关注阅读材料中的语法、字词学习，忽视了语言技能和语篇分析能力培养，学生只能被动接受，缺少自主思考，难以真正提升阅读能力。翻转课堂要求学生课前利用网络端观看教学视频，再基于网络交互平台自主学习、协作学习，并针对不懂的部分在课堂上与教师进行探讨，最后再利用网络平台完成巩固复习。将翻转课堂应用在高校英语阅读教学中，能使教学双方从传统模式中解脱出来，实现教和学的结合，获得理想的阅读教学效果。

（一）高校英语阅读教学中"翻转课堂"的运用优势

高校英语阅读要想打破传统模式的限制，必须引导学生开展自主深度阅读，提升阅读效率，并在互动讨论中持续强化思维能力，而翻转课堂正好具备实现这些目的的条件。同时，高校学生自主性强，对英语阅读能力提升有着强烈需求，能主动利用网络资源展开自主学习，这就为这一模式的应用推行奠定了坚实基础。

1.能运用各类资源服务于教学

在翻转课堂的英语阅读教学中，广泛利用各类数字化资源是其关键特点之一。这一教学模式以数字技术为支撑，将传统课堂中的教学内容转化成短小精悍的视频和任务，充分发挥了数字资源的优势。教师通过制作精心设计的视频内容，既

能够在短时间内传递重要知识点，又能够激发学生的学习兴趣。这些视频可以包含教学讲解、案例分析、实地考察等多种元素，从而更全面地呈现英语阅读的各个方面。

这种模式的优势在于使得学生在课下可以进行自主学习。学生通过观看这些短视频，可以根据自身的学习节奏和理解程度，反复学习和巩固知识点。同时，这也为学生提供了更灵活的学习时间，可以随时随地进行学习，不再受制于传统课堂的时间和地点限制。这种自主学习的模式培养了学生的学习主动性和自律性，使其在学习过程中更具有独立思考和解决问题的能力。

除了教师制作的视频资源外，翻转课堂还鼓励学生主动寻找更丰富的学习资源。学生可以通过互联网平台，如在线图书馆、学术数据库等，获取更多相关的阅读材料和研究成果。这种拓展学习资源的方式有助于学生深入了解英语阅读领域的最新发展和研究动态，提高其对于知识体系的全面把握。

翻转课堂的这一模式不是将学生视作知识的被动接受者，而是激发了学生对于知识的主动探索和获取。教师在这个过程中更像是学生学习的引导者，通过分析学生在自学过程中遇到的问题，及时提供解决方案和引导意见。这种互动式的学习模式打破了传统课堂中学生被动学习的局面，使得学生在学习中更具有参与性和积极性。

2.能引导学生开展个性化学习

在传统阅读教学中，由于课堂时间的限制，学生难以在有限的时间内完全掌握阅读材料的背景、语法和词汇等复杂知识。然而，翻转课堂的模式为学生提供了更好地进行个性化学习的机会。通过在课前通过网络进行自主学习，学生可以根据自身的学习需求和水平展开相应的阅读训练，从而更有利于推行个性化的学习方案。

学生在翻转课堂中能够根据自己的学习节奏和理解能力，自主选择学习材料和学习方式。这使得每位学生都有机会在个人感兴趣的领域深入学习，弥补自身在英语阅读方面的薄弱之处。学生能够自由选择适合自己水平和兴趣的阅读材料，通过多样化的学习资源，个性化地提高自己的英语阅读水平。

个性化学习方案的推行在翻转课堂中尤为重要。学生在自主学习的过程中，可以更灵活地调整学习计划，根据自己的学科水平和学习需求进行针对性的阅读训练。这不仅有助于提高学生的学习积极性，还能够更好地满足学生对于个性化学习的需求。因此，个性化学习方案在翻转课堂的英语阅读教学中，具有显著的实际意义。

学生在个性化学习的过程中，除了选择合适的学习材料外，还可以灵活运用多种学习方法。通过独立思考、自主解决问题，学生能够培养更深层次的学习能力。在翻转课堂中，学生有更多的时间和机会思考、讨论，促使他们在个性化学习中发展更全面的英语阅读能力。

3.能实现阅读教学省时高效化

翻转课堂模式在英语阅读教学中的应用，以"先学后教"为特点，通过网络平台将重难点的教学内容以视频形式发布，学生在课下通过反复观看进行自主学习和在线测试。这一模式在课堂上引导学生进行问题讨论和交流，教师主要扮演引导学生思考和解答问题的角色，实现了课堂内外的学习有机结合。这种教学方式打破了传统的教学形式，将学生的学习重心放在了自主学习和思考上，教师的角色也更加注重引导和指导。

在翻转课堂的模式中，学生在课前通过网络自主学习，可以在自己的节奏和时间内进行学科知识的积累。通过观看精简的教学视频和参与在线测试，学生能够更有效地掌握英语阅读中的基本知识。这使得课堂时间能够更充分地用于问题讨论和深入学科思考，提高了学生对于英语阅读的理解和应用能力。

在课堂上，学生带着在自主学习过程中遇到的问题进行讨论和交流。教师不再是传统模式下的主讲者，而是更多地成为学生学科学习的引导者。通过与学生互动，教师能够深入了解学生的学科理解程度和存在的困惑，有针对性地进行解答和引导。这种互动性的课堂氛围有助于激发学生学习的积极性，提高学科能力的培养效果。

翻转课堂的省时高效化模式为英语阅读教学提供了一种新的途径。学生通过在课前进行自主学习，能够更全面地掌握英语阅读的基础知识，使得课堂时间更具深度和高效性。教师在课堂上的主要任务是引导学生解决问题，提供科学思考的指导，使得教学更加贴近学生的实际需求，推动英语阅读教学的创新和进步。

（二）高校英语阅读教学中"翻转课堂"的运用原则

1.注重学生的主体性

在翻转课堂的英语阅读教学中，学生的主体性是设计教学活动的首要原则。相对于传统的教学模式，翻转课堂更强调学生在学习过程中的主动参与和思考。为实现这一原则，教师应通过多样化的教学活动，引导学生深入理解和内化知识。在课前阶段，教师可以制定系列教学微视频，以满足学生的个性化需求和教学目标。这些微视频应该包含学科知识的重难点，通过生动、具体的例子引导学生思考。此外，合理设置学习任务，以激发学生自主学习的兴趣和积极性。

在课堂上，教师的任务不仅仅是传授知识，更是引导学生进行问题讨论和深度思考。通过采用多样化的教学活动，如小组讨论、案例分析等，教师可以确保所有学习任务都是由学生独立或协作完成。这样的教学设计有助于激发学生对英语阅读的浓厚兴趣，使其在主体性参与中更好地理解和吸收知识。

在课后阶段，教师应根据学生的课前和课上表现进行客观评价，并及时反思教学，完善教学设计。通过归纳总结经验，教师可以更好地满足学生的个性化需求，为后续的教学提供有益借鉴。

2.注重学生的课堂参与度

翻转课堂不仅仅是对教学过程的颠倒，更注重课堂上的知识内化和学生参与度。因此，教师在教学实践中需着重考虑如何保障学生在课堂上的积极参与。教师，要理解翻转课堂并非简单要求学生在课前看视频、做练习，在课堂上听讲，而是更加强调学生在课堂上的知识内化过程。为了实现这一目标，教师可以采用探究式、合作式等多元化的教学活动，以促进学生对知识的更深层次理解。

在教学实践中，为确保学生的课堂参与度，教师可以运用各种教学活动，如问题解答、小组合作、案例分析等，以激发学生的学科学习热情。通过合理设计课堂活动，学生能够更好地参与到知识的探讨和解决问题的过程中，从而保障学习效果。

3.注重学生的个性化学习

翻转课堂为学生提供了更多选择和自主权，使得学生能够根据自身需求和学习状况选择适合的内容和学习方式。在教学设计中，为了更好地实现学生个性化学习，教师需要注重知识点的切分。每个微视频最好只涵盖一个知识点，以便学生能够有针对性地进行选择。

此外，在初步设计微课资源时，教师还需提供丰富的补充资源，以满足学有余力的学生展开拓展性学习的需求。通过网络信息学习平台和社交媒体建群功能的应用，学生可以实现实时交流和个性化指导，从而更好地支持学生的个性学习。

在初步设计微课资源时，教师应注重知识点的切分。每个微视频最好只涵盖一个知识点，以便学生能够有针对性地选择学习内容。此外，为了更好地满足学生的个性化需求，教师可以提供充足的补充资源。这些资源可以包括深度拓展的阅读材料、专题讲座、在线课程等，以满足学生对知识深度的追求，同时保障学有余力的学生有更多选择的机会。

为了进一步实现学生的个性化学习，教师还可以运用社交媒体的建群功能。通过建立微信群或其他社交平台，学生可以在群内进行实时交流、讨论学习问题，并获得教师的个性化指导和帮助。这种方式有效地打破了传统教学中学生与教师之间的时间和空间限制，促成了更为灵活和自主的学习氛围。

4. 注重学生的自主学习

在翻转课堂的原则下，学生的自主学习能力得到更大的强调。为了培养学生的自主学习能力，教师可以在教学设计中设置具体的学习任务和目标。这些任务和目标应当具备一定的挑战性，激发学生主动探究的兴趣，同时保持学科知识的完整性。

在课前的自主学习阶段，教师可以引导学生通过多样化的学习资源，包括微视频、阅读材料、在线测验等，完成相关知识的预习任务。这有助于学生建立对知识的初步认知，为课堂上的更深入讨论奠定基础。同时，通过设置在线测试等形式，教师可以对学生的预习效果进行评估，为课堂上的个性化指导提供依据。

在课后的自主学习阶段，学生可以通过课程微信群等平台提交作业、提出问题，接受教师的及时反馈。这种即时的互动有助于解决学生在自主学习过程中可能遇到的困难，促使学生更好地理解和运用所学知识。

（三）高校英语阅读教学"翻转课堂"模式的实践方法

1. 课前阶段

课前阶段的教学准备至关重要，需要教师对阅读教学内容进行有效的预学设计。教师可以推送学习资料，包括重点词汇、句型、语法的视频讲解，以及有关文章核心内容的拓展材料。这些资料旨在为学生提供自主学习的材料，激发其学习兴趣。

在进行预学案设计时，教师需要深入阅读教材内容，厘清知识体系，并根据学生的知识水平和接受程度进行重难点的讲解。重点是确保学生在正确抓住文章结构的同时，深入理解课文内容。教师可以通过词汇积累、通读全文、提问等方式，引导学生在课前对知识点进行预习。

针对课前学习视频的制作，教师需要考虑学生的注意力集中度和学习时间分配。视频的时间不宜过长，最好控制在 15 分钟以内，将重点放在某一知识点的讲解上。视频的难度要适中，具备趣味性特征，以调动学生的积极性。完成视频制作后，教师可以通过学校教学信息平台或其他在线平台发布，方便学生在不同设备上观看学习。

为了了解学生对视频内容的理解情况，教师可以设计相关问题，要求学生在观看完视频后作答并上传答案至平台。这些问题可以涵盖文章的主题思想、观点点评、文章写作背景等方面。此外，教师还可以通过平台发布教学前测，创建词汇、翻译相关的简单练习，以评估学生的学前水平。

教师还应该鼓励学生在平台上积极分享和阅读相关资源链接，并表达推送理由。这有助于学生在小组内进行讨论和解答，提高学生之间的互动性。整体而言，课前阶段的教学准备需要综合运用多种手段，以促进学生对阅读内容的深入理解和自主学习。

2. 课堂阶段

课堂阶段是翻转课堂中关键的一部分，其最大优势在于将知识传递置于课前自主学习，使学生能够更好地掌控学习节奏，进行个性化学习。在英语阅读教学中，通过课前学习，学生已经解决了语言问题，掌握了阅读材料的主题思想和写作背景，因此，课堂时间可以更好地用于深入阅读、剖析文章结构及讲解阅读技巧，促进知识的内化。

教师在翻转课堂中有更多的责任，需要基于学生的课前学习状况和教学设计，帮助学生在课堂互动中实现知识的内化。教师可以检测学生的课前学习成果，要求学生复述阅读材料、说出主题思想、分析长难句和修辞手法等，同时鼓励学生提出疑问，以了解学生的主要学习情况。

在构建教学情境方面，教师可以运用音视频欣赏、角色扮演等模式，引导学生进入文章的话题中心，激发他们利用英语表达思想的兴趣，从而形成阅读期待。

课堂练习阶段包括词汇练习和深度阅读。教师应引导学生理解阅读材料中的词汇，通过填空练习、猜词游戏、词汇接龙等形式进行巩固。深度阅读阶段则要与学生共同分析语篇内容，明确语篇结构，组织集体研读，重点分析每个段落的关键词汇、结构和主题。

此外，教师还需要教授适合的阅读策略，要求学生掌握跳读、略读、扫读等方法，并将重点放在题目、标题、首末两段、首末两句上。学生还应学会寻找关键句，特别是在缺少关键句的文章中，要重点寻找指示时间的短语、句子，并加强对议论类文章的理解，明确事实和观点的区别。这一系列的课堂活动有助于促进学生对阅读内容的深入理解和提升阅读能力。

3. 课后阶段

（1）评价总结

有效的评价总结不仅能确保教学流程顺利完成，还实现了对教学质量的及时检验。教师应该针对学生的学习状况进行归纳，并将反馈意见传达给学生，明确阅读思路、阅读技巧应用、语言知识等方面存在的问题，并提出改进建议。通常教师可通过在线信息技术工具对学生的测试成绩、视频学习时长、留言反馈、课堂表现等进行形成性评价，并将结果纳入电子档案。课前评价主要基于学生在线学习时长、练习完成度、问题解答程度等客观评定；课堂评价则侧重学生在课堂上的整体表现，如回答问题的积极性、小组问题讨论的参与度等；而课后评价主要针对作业完成情况。在评价过程中，教师是主体，同时也可鼓励学生进行互评和自评，以帮助他们自我发现并实现自我改进。

（2）阅读拓展

阅读拓展是建立在课前学生学习和课堂活动基础之上的。参考学生的真实水平和阅读主题，利用互联网、课外书籍等途径收集真实的阅读材料，设计相关的阅读任务，使其成为学生课后的泛读材料，以达到拓展阅读广度和深度的目的。阅读拓展的相关任务可以采用模块形式设计，围绕语言知识、文章背景、文章结构等展开，要求学生完成任务后上传到网络学习平台，供教师和其他同学品评，实现相互之间的阅读经验分享。此外，教师也可基于所学内容，以学生经验和兴趣为主，确定阅读主题，要求学生自主寻找适合的阅读材料，从而在培养阅读习惯、拓展知识面的同时夯实语言基础，提升综合阅读能力。

作为一种以学生为中心的教学范式，翻转课堂注重学生对知识点的有效掌握，更关注学生学习的自主性和互动性。将翻转课堂应用在高校阅读教学中，能使学生在观看微视频的同时实现趣味性的自主学习，掌握知识重难点，并在平台互动和课堂写作中激发探索思维，不断提升阅读能力。对此，在实际教学实践中，教师还需从课前着手，设计合理的视频内容，注重学习任务布置，帮助学生对所学知识产生初步认知，形成问题思考；在课堂上，根据学生的课前疑惑展开互动探究，实现知识内化；在课后，综合学生各项表现给出正确评价，并引导开展丰富的课后阅读活动，实现知识拓展。

第六章 人工智能驱动的英语翻转课堂混合式教学效果评估

第一节 教学效果评估方法与指标体系

一、教学效果评估的核心指标

在混合式翻转课堂中，首要评估指标是学生的英语语言能力提升。这包括听、说、读、写各方面的表现，它们是评估学生在翻转课堂中语言发展情况的核心要素（图 6-1）。

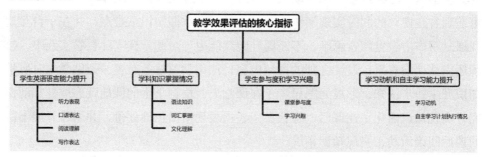

图 6-1 教学效果评估的核心指标

（一）学生英语语言能力提升

1.听力表现

在翻转课堂中，学生通过参与听力活动来提高他们的听力能力，其中包括对录音材料的聆听和对口语表达的理解。这一方面的评估旨在深入了解学生在语言输入和理解方面的发展水平。

首先，通过分析学生在听取录音材料方面的表现，我们可以评估他们对不同语速、语调，以及语音变化的适应能力。这不仅包括对标准发音的理解，还考查了学生是否能够应对实际交流中常见的口音和语音变异。

其次，理解口语表达的能力是该评估中的另一个重要方面，它关注学生是否能够准确地解读口语表达的意义，包括语法结构、词汇选择及上下文的理解。在这一过程中，学生需要有效地应用听力技巧，如捕捉关键词、识别重要信息，以便在理解口语表达时保持高效。此外，对于口语表达的理解评估还能够揭示学生对于口语交流中语气、语感和情感色彩的感知水平。

总体而言，通过对学生在翻转课堂中听力表现的全面评估，我们不仅能够了解他们在面对不同语境时的听力能力，还能为提升教学质量提供深刻的反馈和指导。这种评估不仅关注学生在语言技能上的具体表现，也有助于揭示他们对于语境、文化和交际情境的综合理解。

2. 口语表达

在翻转课堂中，对学生阅读理解能力的评估是教学过程中不可或缺的一环，旨在全面了解学生在理解英语文本方面的水平。该评估注重学生对英语文本的深层次理解，包括对关键信息的识别和对意义的推断。

一是，识别关键信息的能力被视为阅读理解中的基础要素。这方面的评估考查学生是否能够准确把握文本中的主旨、关键词汇，以及重要细节。通过对学生在阅读时是否能够迅速而准确地定位和理解这些关键信息的评估，我们能够评判其对文本整体结构和内容的理解程度。

二是，评估学生对意义的推断能力，这要求学生在阅读中能够超越表面信息，理解文本的隐含意义、作者的意图，甚至是对文化背景的敏感度。这一层面的评估旨在了解学生是否能够根据上下文、语境等因素，灵活运用语言技能，推测词汇、短语或句子的实际含义。整体而言，对学生阅读理解能力的深入评估不仅关注他们在语法和词汇层面的理解，更侧重于他们对文本整体结构和信息层次的全面理解。这样的评估不仅有助于揭示学生在阅读中可能存在的困难和挑战，也为教学者提供了指导，使他们能够更好地满足学生的个性化需求，提高阅读教学的有效性。

3. 阅读理解

在翻转课堂中，对学生阅读理解能力的评估是教学过程中不可或缺的一环，旨在全面了解学生在理解英语文本方面的水平。该评估注重学生对英语文本的深层次理解，包括对关键信息的识别和对意义的推断。

一是，识别关键信息的能力被视为阅读理解中的基础要素。这方面的评估考查学生是否能够准确把握文本中的主旨、关键词汇，以及重要细节。通过对学生在阅读时是否能够迅速而准确地定位和理解这些关键信息的评估，我们能够评判其对文本整体结构和内容的理解程度。

二是，评估学生对意义的推断能力，这要求学生在阅读中能够超越表面信息，理解文本的隐含意义、作者的意图，甚至是对文化背景的敏感度。这一层面的评估旨在了解学生是否能够根据上下文、语境等因素，灵活运用语言技能，推测词汇、短语或句子的实际含义。整体而言，对学生阅读理解能力的深入评估不仅关注他们在语法和词汇层面的理解，更侧重于他们对文本整体结构和信息层次的全面理解。这样的评估不仅有助于揭示学生在阅读中可能存在的困难和挑战，也为教学者提供了指导，使他们能够更好地满足学生的个性化需求，提高阅读教学的有效性。

4. 写作表达

翻转课堂中对学生写作表达能力的评价旨在全面了解其在语法运用、篇章结构和创意表达方面的水平。

首先，评估语法准确性，它涵盖了学生在写作过程中对英语语法规则的正确应用。评估语法准确性时，注重学生对不同语法结构的正确理解和运用，包括但不限于时态、语态、句型结构等。

其次，篇章结构成为评价的另一关键要素，其核心在于学生是否能够构建清晰、有层次感的文章结构。这包括开头引入的合理性、主体段落的逻辑衔接及结尾的合理总结，从而形成具有统一主题的完整文章。

最后，创意表达在写作评价中占据着重要的位置。这一方面的评估强调学生是否具备运用丰富多彩的词汇和语言结构，以表达独特、富有创意的思想的能力。同时，创意表达的评估还包括学生是否能够巧妙地运用修辞手法、比喻和象征等，以增强文章的表现力和吸引力。

整体而言，对学生写作表达能力的深入评价旨在揭示其在语言运用、逻辑思维和创造性思考等方面的优势和不足。这种全面的评估不仅有助于了解学生在写作过程中的实际应用水平，还为教学者提供了精准的反馈，帮助其更好地引导学生提升写作能力。

（二）学科知识掌握情况

1. 语法知识

在翻转课堂的教学环境中，评估学生对英语语法规则的理解和运用能力至关重要。其一，对于语法规则的理解涵盖了学生对英语语法体系的整体认知。学生需要能够理解不同句型结构、时态、语态和语法功能之间的关系，形成对语法系统的全面理解。这包括对基本语法概念的把握，如主谓一致、定冠词的用法、虚拟语气等。

其二，语法规则的运用能力是评估学生语法水平的重要指标。学生不仅需要理解语法规则，还需要在实际中做到熟练运用。这涵盖了在口头表达和书面写作中正确运用语法规则，以确保表达的准确性和流畅性。同时，学生需要能够识别和纠正常见的语法错误，从而提高语言的准确性。

其三，对于不同语境下的语法运用，学生需要具备较高的语法敏感性。这包括了解语法在口头和书面语境中的灵活运用，以适应不同交际和表达目的。学生需要能够根据具体语境调整语法结构，使表达更具地道性和得体性。

其四，语法知识的评估应该涵盖学生在应对复杂语法结构和高级语法现象时的能力。这可能包括对于复合句、倒装结构、非限定性定语从句等高级语法结构的理解和应用。同时，学生应该能够运用更为抽象和复杂的语法概念，如虚拟语气和间接引语，以提高语言表达的深度和广度。

2.词汇掌握

在翻转课堂的英语教学中，对学生词汇掌握程度的评估是语言教育的重要组成部分。一是，评估学生对关键词汇的掌握程度需要考查他们对单词的词义理解。这包括对单词的准确解释及在不同语境中的灵活运用。学生需要能够理解词汇的多义性、同义词和反义词等语言现象，从而在实际交流和阅读中准确使用这些词汇。

二是，评估词汇掌握程度还需要关注学生对词汇的运用能力。这涵盖了学生在口头表达和书面写作中如何恰当地运用所学词汇。这方面的评估旨在揭示学生是否能够在实际语境中选用合适的词汇，以确保表达的准确性和丰富性。同时，考查学生是否能够灵活运用词汇来表达不同的意义和情感色彩。

三是，评估学生词汇掌握程度还需综合考查他们对学科领域特定词汇的理解。这包括对英语学科词汇、行业术语和专业表达方式的掌握程度。学生需要能够理解和运用与课程内容相关的专业词汇，以提高在学科学习中的语言适应性和综合应用能力。

四是，词汇掌握程度的评估还需考虑学生的词汇积累和记忆策略。这包括学生是否有有效的词汇学习方法，如使用词根词缀分析、制订记忆计划等。评估学生的词汇积累策略，可以为教学提供指导，帮助学生更加高效地记忆和掌握词汇。

3.文化理解

在翻转课堂的英语教学中，评估学生对英语文化的认知是培养他们全面语言能力的关键一环。首先，学生对英语文化的认知需要涵盖对习惯的理解。这包括英语国家独特的生活方式、饮食习惯、居住环境等方面。学生应能够理解并尊重英语文化中的日常行为规范，如用餐礼仪、交往方式等，以提升在跨文化交际中的应对能力。

其次，对学生进行文化认知的评估还需关注其对英语文化中礼仪的理解。这方面的评估旨在揭示学生是否能够理解英语国家在不同场合下的礼仪规范，如商务场合、社交聚会等。学生需要了解英语文化中的社交礼仪、礼品赠送方式及与不同年龄、地位人群的交往方式，以确保在实际交往中表现得得体并避免文化冲突。

再次，评估学生对英语文化的认知还需考查他们对社交语言的理解。这包括英语文化中常用的社交用语、问候语及表达尊重和感谢的方式。学生应当能够适应英语国家不同场合下的语言风格，如正式场合的用语和非正式场合的口语表达，以确保他们在交际中能够流利自如地应对。

最后，评估学生对英语文化的认知还需考虑他们对英语国家的历史、文学、艺术等方面的了解。学生应当对英语国家的重要历史事件、文学作品、艺术成就等有基本的认知，以更好地理解和欣赏英语文化的深层次内涵。

（三）学生参与度和学习兴趣

1.课堂参与度

翻转课堂模式下，对学生在课堂中的积极参与程度进行观察和评估是确保教学有效性的关键环节。一是，关注学生的提问能力。通过观察学生是否主动提出问题，以及提出的问题是否有深度和针对性，了解他们在学习过程中的主动性和求知欲。对提问能力的评估有助于揭示学生对学科知识的好奇心和理解深度，为教学者提供调整教学策略的线索。

二是，观察学生在课堂中回答问题的能力。评估学生对问题的回答能力不仅关注其知识水平，还包括语言表达的准确性和清晰度。通过此项评估，我们可以了解学生是否能够将学到的知识灵活运用，并以清晰的语言表达自己的观点。此外，回答问题的能力也反映了学生在课堂互动中的自信程度，为培养学生的沟通技能提供参考。

三是，关注学生在小组讨论中的参与程度。小组讨论是培养学生团队合作和交流技能的重要环节。观察学生在小组中是否能够有效合作、分享观点、听取他人意见，以及解决问题的能力，有助于全面了解他们的合作能力和社交技能。小组讨论的评估不仅关注学科知识的交流，还注重学生在团队中发挥领导力和促进合作的作用。

四是，综合观察学生在课堂互动中的整体表现。包括他们的注意力集中程度、对同学观点的尊重程度，以及是否能够积极参与课堂活动等。这方面的评估有助于全面了解学生的学习态度和情感投入，为个性化的教学提供依据。

2. 学习兴趣

在人工智能驱动的英语翻转课堂中，了解学生对英语学习的兴趣和动机是评估教学效果的重要一环。首先，通过问卷调查等方式深入了解学生对英语学习的兴趣。兴趣是激发学生学习动力的重要因素之一，通过详细的问卷设计，我们可以获取学生在不同英语学科领域的兴趣点。这有助于教育者更好地设计教学内容，使之更贴近学生的兴趣爱好，提高学习的吸引力。

其次，调查学生学习的动机。了解学生学习英语的动机有助于深入挖掘背后的驱动力。问卷可以涵盖多个方面，包括个人发展、职业需求、兴趣培养等。通过分析学生的学习动机，教育者可以更好地为他们提供个性化的学习支持，使其在学习过程中能够得到更多的满足感和成就感。

最后，问卷调查还可以探究学生对翻转课堂模式的态度和反馈。了解学生对这种新型教学方式的接受程度、认可度和满意度，有助于教育者及时调整和优化翻转课堂的设计和实施。学生对课堂模式的积极反馈可以为翻转课堂教学的不断改进提供有益的参考。

（四）学习动机和自主学习能力提升

1. 学习动机

对学生学习英语的动机进行深入评估，旨在探寻其背后的驱动力，包括个人兴趣和职业需求等多方面因素。首先，通过学生自陈的方式获取他们对英语学习的主观感受和期望。学生的自陈提供了直接而丰富的信息，揭示了他们对英语学习的态度、期望和目标。这方面的信息有助于教育者更好地理解学生的内在动机，从而制定更符合其需求的教学策略。

其次，通过观察学生的行为来推断其学习英语的动机。行为观察包括课堂参与、作业完成情况、主动学习的程度等方面。例如，学生是否自愿参与课外英语活动，是否主动寻求额外学习资源等。观察学生的行为有助于教育者更客观地评估其学习动机，并为提供个性化的学习支持提供实际依据。

个人兴趣在学习动机中扮演着重要的角色。通过调查学生对英语相关主题的兴趣点，了解他们是否对英语文学、历史、文化等方面有浓厚的兴趣。这有助于教育者在教学设计中融入更多引人入胜的内容，激发学生学习的积极性。

另外，职业需求也是学生学习英语的重要动机。通过调查学生对未来职业发展的期望，了解他们是否将英语视为职业发展的必备技能。这有助于教育者更有针对性地设计课程，使学生在学习过程中培养实际应用英语的能力，提升其职业竞争力。

2. 自主学习计划执行情况

评估学生是否能够有效执行制订的自主学习计划是了解其学习动机和学习策略的关键环节。首先，关注学生学习目标的设定。自主学习计划的核心是学生对学习的明确目标，包括短期和长期目标。通过分析学生设定的学习目标，教育者可以了解其学习动机和对学科知识的需求。合理设定的学习目标有助于激发学生的学习兴趣，促使其更有针对性地开展学习活动。

其次，观察学生在自主学习计划中的计划进度控制。这包括学生对学习进度的规划和调整能力。通过观察学生是否能够按照计划有序地完成学习任务、及时调整学习进度以适应自身情况，教育者可以了解其学习策略和自主学习的执行情况。良好的计划进度控制能够提高学生的学习效率，使其更好地实现学习目标。

再次，自主学习计划的执行情况还需关注学生在面对学习困难时的应对策略。这包括是否能够主动寻求帮助、调整学习方法，以及是否能够保持对学习的积极态度。学生在自主学习中面临的困难挑战往往需要他们具备一定的学习能力和心理素质，通过观察学生在面对困难时的态度和行为，教育者可以更全面地了解他们的学习素养和自主学习的深度。

最后，自主学习计划的执行情况分析需要结合学生的自我评价和教育者的观察反馈进行综合评估。通过学生的自我评价，教育者了解其对自己学习状态的认知和对自主学习计划执行情况的自我评价。同时，教育者的观察反馈可以提供客观的行为表现和学习效果信息，从而形成全面而准确的分析结论。

二、评价方法的选择与理由

（一）英语测试

在人工智能驱动的英语翻转课堂中，定期进行全面的语言能力测试是评估学生英语水平的关键手段。这种测试通过考查学生在不同方面的表现，旨在量化他们的英语语言能力，为个性化教学提供有力支持。

首先，针对听力表现的测试是评估学生听力能力的重要环节。通过考查学生在翻转课堂中听取录音材料、理解口语表达等活动中的表现，测试可以揭示学生在听力方面的实际水平。这种测试有助于教育者了解学生对不同语速和口音的适应能力，从而为后续听力教学提供有针对性的建议。

其次，口语表达的测试旨在评估学生在课堂中的口语交流能力。这包括发音准确性、流利度及表达思想的能力。通过口语测试，教育者可以更全面地了解学生口语表达的优势和不足，为个性化口语培训提供指导。

再次，阅读理解测试关注学生对英语文本的理解能力。此项测试涉及识别关键信息、推断意义等方面。通过考查学生对不同文本类型的理解水平，教育者可以为提升学生阅读能力的教学提供具体而实际的改进建议。

最后，写作表达测试旨在评价学生在写作方面的表现。这包括语法准确性、篇章结构和创意表达。通过写作测试，教育者可以了解学生在书面表达中的语言运用能力，为个性化写作指导提供依据。

（二）课堂观察和学生作业

1. 口头表达观察

教师通过课堂观察评估学生口语表达能力，这是一种对学生语言技能进行深入了解的关键手段。这种观察方法不仅能够捕捉学生在真实语境中的口头表达情况，还能够更全面地了解其语言运用的实际效果。

一是，口头表达观察提供了实时、动态的语言评估。在日常课堂中，学生面对各种语言交流情境，教师的观察可以捕捉到学生在口头表达中的语法准确性、词汇运用和语言流畅度等方面的表现。这样的实时观察有助于获取真实而客观的语言能力数据，为个性化的教学提供切实的依据。

二是，口头表达观察能够评估学生在交际中的实际应用能力。语言不仅仅是一种工具，更是一种交流的媒介。通过观察学生在对话、小组讨论或演讲等交际活动中的表现，教师可以了解学生是否能够有效运用所学语言知识进行沟通。这种观察有助于发现学生在交际中可能存在的问题，进而针对性地进行指导和帮助。

三是，口头表达观察有助于评估学生在语言交际中的自信程度和表达意愿。语言学习不仅仅是知识的灌输，更涉及学生是否愿意积极参与语言交流。通过观察学生是否能够主动发言、表达自己的观点及是否具备与他人进行良好互动的能力，教师可以更细致地了解学生的学习态度和情感投入。

四是，口头表达观察还有助于发现学生在口语表达中可能存在的个性化需求。不同学生在语言习得过程中可能会面临不同的挑战，通过仔细观察学生的口头表达，教师可以更好地了解每个学生的个性化学习需求，并采取差异化教学策略，帮助学生更好地发展其口语表达能力。

2. 书面作业评估

学生的书面作业是评估其语言能力的重要依据，尤其涉及语法、词汇运用和写作方面。通过对学生书面表达的深入分析，教育者能够更全面地了解他们在语言运用中的实际水平，为有针对性地教学提供有效的参考。

首先，语法的准确性是书面作业评估的重点之一。通过仔细分析学生的句法结构、语法规则运用及句子连贯性，教育者能够洞察学生在语法方面的优势和不足。这有助于制订有针对性的语法训练计划，帮助学生加强对语法知识的掌握，提升语法准确性。

其次，词汇运用在书面作业中也是关注的焦点。通过观察学生的词汇选择、搭配和运用，教育者可以了解他们对词汇的掌握程度。对学生在作文或其他书面表达中使用词汇的准确性、丰富性和恰当性进行评估，有助于发现并纠正学生可能存在的词汇问题，提高其语言表达的质量。

再次，写作能力的评估也是书面作业分析的重要方面。通过审视学生的文章结构、逻辑连贯性及表达思想的能力，教育者可以深入了解学生在写作方面的水平。这种评估有助于发现学生在组织思想、表达观点和进行逻辑推理等方面可能存在的困难，为教学提供有的放矢的指导。

最后，书面作业评估还有助于发现学生的个性化学习需求。每个学生在语言学习过程中都有自己的优势和弱点，通过深入分析书面作业，教育者可以更全面地了解学生在语法、词汇和写作方面的个性化需求，从而针对性地提供个性化的学习支持。

（三）问卷调查和访谈

1.参与度调查

学生的积极参与是课堂教学中至关重要的因素之一。为了深入了解学生在课堂中的参与程度，我们常采用学生填写问卷的方式进行调查。这种参与度调查不仅为教育者提供了直观的反馈，更为个性化教学和学生管理提供了有力支持。

一是，参与度调查通过学生的自我报告，直观地呈现了他们在课堂中的参与水平。通过问卷，学生可以自主表达对自己在课堂中参与程度的认知，包括他们是否积极回答问题、是否参与小组讨论、是否提出疑问等。这样的自我报告有助于了解学生对自己参与度的主观感受，为教育者提供了一份参与程度的直观参考。

二是，参与度调查提供了多维度的信息，深入剖析学生的参与行为。问卷设计可以包括多个方面，如口头表达、书面互动、小组合作等，从而形成对学生全面参与情况的把握。这种多层次的信息有助于教育者更全面地了解学生在不同场景中的参与程度，为个性化教学和学生指导提供有针对性的建议。

三是，参与度调查为教育者提供了发现潜在问题和改进教学的契机。通过分析学生在问卷中的回答，教育者可以发现一些潜在的问题，比如学生对某一课题的兴趣不高、某些学生群体参与度偏低等。这些问题的发现为教育者提供了改进教学策略、调整课程内容的线索，以更好地激发学生的学习热情和参与欲望。

四是，参与度调查有助于建立学生与教育者之间的互动和沟通。通过问卷的形式，学生能够在相对私密的环境中表达自己的真实感受，而教育者也能够更全面地了解学生的需求和期望。这种互动不仅有助于改善教学氛围，还能够建立更紧密的师生关系，促进学生更好地参与到课堂学习中。

2.学习兴趣访谈

通过深入的学习兴趣访谈，教育者能够更全面地了解学生对英语学习的兴趣和动机，为提高学习动力提供重要依据。这种个性化的了解不仅有助于教育者更好地满足学生的学习需求，也有助于激发学生的学习热情，提升英语学习的效果。

第一，学习兴趣访谈可以揭示学生对英语学习的个人兴趣爱好。通过询问学生在英语学习过程中更感兴趣的主题、领域或活动，教育者能够更好地设计课程内容，使其更符合学生的个人兴趣。例如，如果学生对英语音乐或文学感兴趣，教育者可以融入相关素材，增加学生的学习兴奋度。

第二，学习兴趣访谈有助于了解学生的学习动机。通过询问学生为何选择学习英语、他们期望从中获得什么，教育者可以更深入地了解学生学习的内在动力。这种了解有助于调动学生学习的积极性，因为教育者可以根据学生的动机提供更有针对性的激励和支持。

第三，学习兴趣访谈可以发现学生在英语学习中可能遇到的挑战和困难。了解学生学习的困难点，教育者可以更好地调整教学策略，提供个性化的辅导和支持，帮助学生克服困难，提高学习效果。这种个性化的指导对于学生克服学习障碍、更好地适应英语学习环境至关重要。

第四，学习兴趣访谈还有助于建立教育者与学生之间更密切的联系。通过关心学生的兴趣和动机，教育者不仅展现了对学生的关注，也为建立良好的师生关系奠定了基础。这种关系的建立有助于提高学生的学习满意度，提供积极的学习体验。

（四）学习记录和自主学习计划

在英语教学中，学习记录和自主学习计划是了解学生学习过程和提升自主学习能力的重要工具。这两者结合起来，不仅为学生提供了反思和总结的机会，同时也为教育者提供了深入了解学生学习动机、态度变化和自主学习能力提升的途径。

1.学习日志记录

学习日志是学生对学习过程进行反思的文本记录，其中包含了学习心得、感悟及个人对学习的态度和动机的表达。通过学生的文字表达，教育者可以窥探学生在学习过程中的内在体验，了解其对英语学习的独特感受和认知。教育者可以关注学生在学习日志中表达的学习动机的变化，从而更好地调整教学策略，提供个性化的支持。

在分层扩写中，教育者可以深入挖掘学习日志中的内容，包括学生对教学内容的理解、在学习中遇到的困难和解决方案的思考。这样的深度分析可以为教育者提供更多关于学生学习过程中的情感体验和认知过程的信息，为教学改进提供更有针对性的建议。

2.自主学习计划执行检查

自主学习计划是学生制定的个性化学习路线，涵盖了学习目标、计划进度、学习方法等方面。执行检查的目的是评估学生是否按照计划完成学习任务，以了解其自主学习能力的提升情况。通过检查学生的自主学习计划执行情况，教育者可以了解学生在实践中的学习自觉性和计划执行力。

在深入分析时，教育者可以探讨学生制订计划时的学习目标是否明确可行，计划进度的合理性，以及学生在执行计划中是否遇到挑战。这种深层次的分析有助于揭示学生在自主学习过程中可能存在的问题，并为提供有针对性的指导和支持提供依据。

3.综合分析

学习记录和自主学习计划的结合为学生提供了全面的学习支持。教育者通过学习日志记录可以了解学生学习的情感投入和认知过程，通过自主学习计划执行检查可以评估学生的自主学习能力。这两者结合起来，为教育者提供了深入了解学生学习动机、态度变化和自主学习能力提升的机会，有助于更有针对性地进行个性化教学。

在实践中，教育者可以通过提供指导性的反馈，鼓励学生更加深入地思考学习过程中的问题和挑战，以及调整自主学习计划以提升效果。这样的深度分析和指导不仅对学生的学习有积极影响，也为教育者提供了丰富的案例和数据，促进了教育理论和实践的相互补充与完善。

第二节　实验设计与数据收集

一、实验组与对照组的设置

为了全面评估人工智能驱动的英语翻转课堂混合式教学对学生学习效果的影响，我们设计了详细的实验组与对照组设置。以下我们将分别描述实验组的确定、对照组的确定及随机分组的过程（图6-2）。

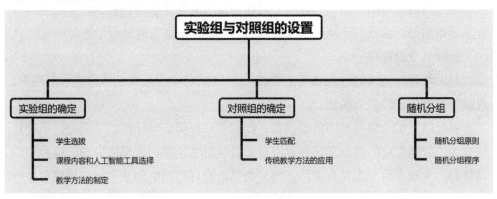

图6-2　实验组与对照组的设置架构图

（一）实验组的确定

1. 学生选拔

在确定实验组时，我们首先对入学学生进行全面的英语基础水平和学科知识水平的测试。确保学生在入学时具有相似的起始水平，以消除个体差异的影响。

2. 课程内容和人工智能工具选择

为实验组设计基于人工智能驱动的英语翻转课堂混合式教学。选择合适的人工智能工具和平台，确保其在听、说、读、写等多方面能够有效支持翻转课堂的教学活动。这可以包括语音识别技术、智能交互式教材等。

3. 教学方法的制定

制定实验组的具体教学方法，包括如何引入人工智能技术、如何设计翻转课堂的内容，以及如何与传统教学相结合，确保在教学实践中能够最大限度地发挥人工智能的优势。

（二）对照组的确定

1.学生匹配

为对照组选择与实验组相匹配的学生，确保他们在入学时的英语基础水平和学科知识水平与实验组相似。

2.传统教学方法的应用

对照组将接受传统的课堂教学，包括传统的教学方法、教材和评估方式，确保对照组的教学设置与实验组的翻转课堂混合式教学形成对比。

（三）随机分组

1.随机分组原则

采用随机分组的方法，确保实验组和对照组的学生在学科背景、学习能力等方面分布均匀。这有助于减少实验结果的偶然性，提高实验的科学性。

2.随机分组程序

利用计算机随机数生成或其他随机分组方法，将学生分配到实验组和对照组，保证分组的公正性和无偏性。

通过以上实验组与对照组的设置，我们可以在保证可比性的基础上，系统地研究人工智能驱动的英语翻转课堂混合式教学对学生学习效果的影响。这种实验设计旨在为教育研究提供有力的证据，为英语教育领域的创新和发展提供有益的参考。

二、数据收集方法的详细描述

为了全面而准确地评估人工智能驱动的英语翻转课堂混合式教学的效果，我们采用了多种数据收集方法，以涵盖不同层面的学生表现和反馈。

（一）定期的英语测试

1.听力测试

定期进行听力测试，通过提供录音材料，评估学生对口语表达的理解能力。测试重点包括：

（1）听取录音材料，考查学生对英语口音的敏感性和听力理解能力。

（2）评估学生口语表达的准确性，关注发音、语调、流利度和思想表达的清晰度。

2.口语表达评估

对学生的口语表达进行评估，以全面了解其口语交流能力。评估要点包括：

（1）发音准确性，考查学生是否能够正确发音并避免常见发音错误。

（2）流利度，关注学生口语表达是否流畅自如，是否存在断断续续的现象。

（3）思想表达能力，评估学生表达思想和观点的清晰度和逻辑性。

3.阅读理解测试

通过阅读理解测试，评估学生对英语文本的理解能力。测试要点包括：

（1）考查学生对文章主旨和细节的理解能力。

（2）评估学生识别关键信息、推断意义和解释作者观点的能力。

4.写作能力测评

通过定期的写作能力测评，全面了解学生在语法、篇章结构和创意表达方面的水平。评估要点包括：

（1）语法准确性，检查学生在写作中的语法使用是否正确。

（2）篇章结构，评估学生文章结构是否合理、层次是否清晰。

（3）创意表达，考查学生是否能够巧妙运用语言表达自己的观点和想法。

（二）课堂观察

1.参与度观察

通过系统的课堂观察，记录学生在翻转课堂中的学习行为。评估要点包括：

（1）学生是否积极参与课堂活动，包括提问、回答问题等。

（2）学生对课堂教学资源的使用情况，是否能够充分利用翻转课堂的学习材料。

2.互动方式观察

观察学生的互动方式，包括与教师和同学之间的互动。评估要点包括：

（1）学生是否与同学积极互动，分享观点和经验。

（2）学生与教师之间的互动，包括提问、反馈和讨论。

3.对课程内容的反应观察

记录学生对课程内容的反应，包括喜好、困难和对知识点的理解程度。评估要点包括：

（1）学生是否对课程内容表现出兴趣和主动探究的精神。

（2）学生是否能够理解课程内容，是否存在困惑或难以理解的地方。

（三）作业收集和评分

1.多方面作业涵盖

收集学生的作业，确保作业涵盖听、说、读、写等多个方面。评估要点包括：

（1）听力作业，检查学生对听力材料的理解和应对能力。

（2）口语表达作业，评估学生口语表达的准确性和流利度。

（3）阅读作业，考查学生对阅读材料的理解和分析能力。

（4）写作作业，全面评估学生的语法、篇章结构和创意表达。

2.评分标准明确

制定清晰的评分标准，确保对学生作业的评分客观、公正、准确。评分标准应涵盖各方面语言技能和素养。

（四）问卷调查和访谈

1.问卷调查设计

设计问卷调查，涵盖学生对课堂活动和教学方法的主观反馈。问卷设计要点包括：

（1）学习兴趣，了解学生对课程内容的兴趣程度。

（2）参与度，评估学生对课堂活动的参与程度。

（3）对翻转课堂的看法，收集学生对教学方法的看法和建议。

2.访谈深入理解

通过访谈深入了解学生对教学的感受和看法。访谈要点包括：

（1）学生在翻转课堂中的学习体验，包括喜好和困难。

（2）学生对教学方法的个人看法和建议。

（五）学习记录和自主学习计划的执行情况

1.学习记录分析

通过学习记录，分析学生的学习动机和自主学习能力的提升情况。学习记录分析要点包括：

（1）学习日志记录，了解学生的学习进展、体验和反思。

（2）计划进度记录，评估学生是否能够按照学习计划有序推进学习。

（3）学习成果记录，检查学生在自主学习过程中取得的实际成果。

2.自主学习计划执行情况

分析学生执行自主学习计划的情况，评估其学习主动性和计划性。自主学习计划执行情况要点包括：

（1）学生是否制定了明确的学习目标和计划。

（2）学生是否按照计划进行学习，是否能够自律完成学习任务。

（3）学生在执行计划过程中遇到的困难和挑战，以及应对策略。

三、综合分析

通过对实验组和对照组的多维度数据进行综合分析，我们能够深入了解在人工智能驱动的英语翻转课堂混合式教学中，两组学生在各方面的表现差异。首先，我们关注语言能力的提升情况。通过定期的英语测试，我们可以得知学生在听、说、读、写等方面的进步，从而评估翻转课堂对语言技能的影响。此外，课堂观察也提供了学生实际运用语言能力的场景，有助于更全面地了解他们在实际沟通中的表现。

其次，学科知识掌握情况是另一个关键的观察点。通过对语法知识、词汇掌握和文化理解等方面的评估，我们能够衡量学生在学科内容上的理解深度。这有助于判断人工智能驱动的翻转课堂是否更有效地促进学科知识的掌握。

再次，关注学生的参与度和学习兴趣反馈是评估教学效果的重要方面。通过问卷调查和访谈，我们能够了解学生对翻转课堂的态度、课堂参与度及对学习内容的兴趣。这些数据为教育者提供了改进教学方法和激发学生学习兴趣的依据。

最后，学习动机和自主学习能力的提升情况是教学评价的综合体现。通过学生自陈或观察其行为，我们可以了解他们学习英语的动机，包括个人兴趣和职业需求等。同时，分析学习记录和自主学习计划的执行情况有助于评估学生在学习过程中的自主性和学习动力的提升。

第三节　效果分析与讨论

一、数据分析结果的呈现

通过对实验组和对照组的测试数据进行深入分析，我们得到了一系列关键指标，从而全面了解了人工智能驱动的英语翻转课堂混合式教学对学生的影响。以下是各方面的呈现：

（一）语言能力提升

通过对实验组和对照组的定期英语测试结果的深入分析，我们观察到实验组学生在语言能力方面取得了显著的提升。在听力表现方面，实验组学生通过参与翻转课堂中的听力活动，如听取录音材料和理解口语表达，展现出更高的听力水平。这反映在他们更准确地辨别录音材料中的语音和语调变化，以及更深入理解口语表达的能力上。

在口语表达方面，实验组学生在发音准确性、流利度及思想表达方面都取得了令人瞩目的进步。这可能归因于翻转课堂中强调的口语交流活动，学生更频繁地参与口语练习，从而提高了他们的口语表达能力。这种提升不仅反映在课堂内部，还在课后的学习中得到了巩固。

在阅读理解和写作表达方面，实验组学生表现出色。他们更善于识别关键信息，推断文本意义，展现了更高水平的阅读理解能力。同时，在写作方面，语法准确性、篇章结构和创意表达都得到了明显改善。这可能是因为翻转课堂鼓励学生通过书面作业和讨论活动积极参与写作练习，促使他们更深入地理解和应用英语写作规则。

（二）学科知识掌握情况

对实验组的学科知识掌握情况进行综合分析，我们发现学生在语法知识、词汇掌握及对英语文化的认知方面表现出色。首先，通过对语法知识的测评，我们观察到实验组学生在理解和运用英语语法规则方面有了显著的提升。这可能归因于翻转课堂中对语法知识的系统性讲解和相关练习的增加。

其次，词汇掌握方面，实验组学生在对关键词汇的理解和运用上取得了显著的进步。翻转课堂通过引入词汇学习的多元化方式，如词汇表演、词汇游戏等，使学生更积极地参与词汇学习，提高了他们的词汇掌握水平。

最后，在对英语文化的认知方面，实验组学生通过文化理解活动更深入地了解了英语文化的习惯、礼仪和社交语言等方面的内容。这有助于培养学生的跨文化交际能力，提高他们在英语沟通中的适应性。

（三）学生参与度和学习兴趣

通过系统的课堂观察、问卷调查和访谈结果，我们发现实验组学生在课堂中表现出更高的积极参与程度，体现在提问、回答问题和小组讨论等方面。这反映了人工智能驱动的教学方法在激发学生学习兴趣和主动参与方面的优势。

在课堂观察中，我们注意到实验组学生更愿意提出问题，展示对学习内容的好奇心，并且更加乐于与同学进行互动。问卷调查结果也显示，实验组学生对翻转课堂的活动和教学方法有着积极的反馈，对英语学习表现出更高的兴趣。访谈中，学生们纷纷表达了对多样化教学方法的认可，这说明翻转课堂混合式教学对于激发学习兴趣具有积极效果。

（四）学习动机和自主学习能力提升

学习动机的提升是实验组学生在翻转课堂中的显著特征之一。通过学生的自陈和行为观察，我们发现实验组学生更积极地投入到学习中，表现出更高的学习动机。这可能是因为翻转课堂提供了更灵活、个性化的学习环境，使学生更容易找到学习的乐趣和动力。

此外，实验组学生在自主学习计划的执行情况上表现出色。他们更有效地设定学习目标，掌握学习计划的进度，这体现了在翻转课堂环境下培养的自主学习能力。这种自主学习能力的提升有助于学生更好地适应未来复杂多变的学习环境，培养了他们的终身学习能力。

二、结果对研究问题的解答

基于对人工智能驱动的英语翻转课堂混合式教学实验组和对照组的全面数据分析，我们对研究问题进行了深入综合解答。

（一）人工智能驱动英语翻转课堂的语言能力成效

在人工智能驱动的英语翻转课堂中，实验组学生在英语语言能力方面取得显著成效。通过对听、说、读、写等多方面的测试综合分析，我们可以清晰观察到实验组学生在语言技能的全面发展中呈现出明显的提升。这一方面的进步是通过多维度的语言测试来全面评估学生的语言能力，进而深入了解人工智能驱动的教学模式对语言技能的积极影响。

首先，在听力技能方面，实验组学生表现出明显的改善。这可能归因于翻转课堂模式中，学生在个体学习时能够通过多媒体资源、语音识别等技术进行有效训练，提高他们对英语听力材料的理解和应用能力。这种针对性的听力训练使得实验组学生在识别语音、掌握语速和理解语境等方面均取得了显著的提升。

其次，在口语表达方面，实验组学生的流利度得到了明显提高。通过翻转课堂的学习模式，学生有更多机会进行口语练习，与教师和同学进行互动。与此同时，人工智能技术的支持可能提供了实时的语音评估和反馈，帮助学生纠正发音错误，提高口语表达的准确性和流畅度。

最后，在阅读理解和写作方面，实验组学生也表现出显著的进步。可能的原因之一是在翻转课堂中，学生通过自主学习和在线资源获取相关英语材料，从而提高了他们对英语文章的阅读理解能力。同时，通过独立完成写作任务，学生锻炼了自己的表达能力，积极参与到课程的知识构建中。

（二）该教学模式对学科知识掌握产生积极影响

在人工智能驱动的英语翻转课堂中，实验组学生在学科知识方面表现卓越，尤其在语法、词汇和文化理解等方面取得了显著的成就。这一观察进一步验证了人工智能驱动的英语翻转课堂对学科知识掌握的积极影响，揭示了该教学模式在提高学生对英语学科知识理解和应用水平方面的潜力。

1.实验组学生在语法方面的表现令人瞩目

通过对语法知识的测评，我们观察到他们对英语语法规则的理解更加深入，可能的原因是在翻转课堂中，学生可以通过自主学习和在线资源获取相关语法材料，随时随地进行学习和巩固。此外，人工智能技术可能提供了个性化的语法辅助教学，更好地满足学生的学习需求。

2.实验组学生在词汇掌握方面表现出色

通过对词汇量和词汇运用的考察，我们发现他们在积累和运用英语词汇方面取得了显著的进步。这可能与翻转课堂的学习模式有关，学生通过多媒体资源、在线词汇学习工具等进行词汇学习，从而更好地应用于实际语境中。

3.实验组学生在文化理解方面也表现出色

通过对文化知识的评估，我们观察到他们对英语文化的认知更为全面。这可能是因为在翻转课堂中，学生通过多样化的学习资源，包括文学作品、电影、音频等，更深入地了解了英语文化，培养了他们的跨文化交际能力。

（三）学生在课堂参与和学习动机方面表现更积极

在人工智能驱动的英语翻转课堂中，翻转课堂和人工智能技术的创新性教学设计显著促使实验组学生在课堂参与和学习动机方面呈现更积极的态势。通过对课堂观察、问卷调查和访谈的数据分析，我们发现实验组学生更倾向于积极参与各类课堂活动，呈现出更浓厚的学习兴趣。这一观察结果强调了创新性教学设计在激发学生学习主动性、提高学习投入度方面的有效性，进而对学习效果的提升产生积极影响。

一方面，课堂观察结果显示，实验组学生更积极参与各类课堂活动。他们更主动地提出问题、参与小组讨论、展示学习成果，呈现出更高的课堂参与度。这可能归因于翻转课堂的教学设计，学生在预习阶段通过自主学习获得知识，课堂时间更多用于互动、讨论和实践，从而激发了学生在学习过程中的主动性。

另一方面，问卷调查和访谈的数据显示，实验组学生表现出更浓厚的学习兴趣。他们对新颖的教学设计和人工智能技术的运用表现出极大的兴趣，愿意投入更多时间和精力来探索和学习。这种学习兴趣的提升可能与翻转课堂的个性化学习体验、多样化学习资源的利用及人工智能技术的引入等因素密切相关。

（四）实验组在学习动机和自主学习能力方面有所提升

实验组学生在学习动机和自主学习能力方面呈现显著提升趋势，这在翻转课堂和人工智能技术的创新性教学设计中得到了有效体现。学习动机的提升主要通过学生的自陈和行为观察进行评估，而自主学习能力则通过学习记录和计划执行情况来体现。

1. 实验组学生在学习动机方面表现更为积极

实验组学生在学习动机方面呈现出明显的积极性。通过学生的自陈和观察，我们观察到他们在课堂学习中展现出更高的学习动机。这显著的积极性可以部分归因于翻转课堂和人工智能技术的创新性教学设计，为学生提供了更富有个性化的学习体验。

创新性的教学设计通过引入翻转课堂和人工智能技术，为学生提供了个性化、灵活性更强的学习体验。在传统教学中，学生的学习通常受到固定的教学计划和一致性的教学资源的限制。而在人工智能驱动的英语翻转课堂中，学生能够根据自身学习进度和兴趣选择学习内容，体验到更加贴近个体需求的学习过程。这样的学习环境更容易引发学生的学习兴趣，激发他们的学习动机。此外，多样化的学习资源也为学生提供了更广泛的学科内容和学习方式。通过引入多媒体资源、交互式教材和在线学习平台，学生能够以更生动有趣的方式接触到知识，提高了学科学习的趣味性。这种趣味性的学科学习体验可能是促使学生更为积极参与学习的重要因素之一。

实时反馈的机制也为学生提供了更直观的学习成果回馈。通过人工智能技术，学生可以获得及时的评价和建议，帮助他们更好地理解自己的学习状态。这种个性化的反馈机制有助于调整学习策略，激发学生更高层次的学术追求，这进一步提高了他们的学习动机。

2. 实验组学生在自主学习能力方面表现出色

实验组学生在自主学习能力方面呈现出令人瞩目的表现。通过对学生的学习记录和计划执行情况进行详细分析，我们发现他们在自主学习计划的制订和执行方面表现出色。这说明人工智能驱动的英语翻转课堂混合式教学在培养学生的自主学习能力方面发挥了显著作用。

（1）实验组学生能够明确设定学习目标

他们在学期初就制定了清晰而具体的学习目标，明确了所要达到的语言技能水平和学科知识要求。这表明教学设计鼓励学生在学习过程中树立明确的目标，使其更有目标感和动力。

（2）实验组学生展现出合理规划学习进度的能力

他们在学期初制订了详尽的学习计划，包括每周的学习任务和阶段性的复习计划。通过科学合理的时间安排，学生能够有效分配学科学习和语言技能训练的时间，保证各项任务的顺利完成。

（3）实验组学生在实践中不断调整和优化学习策略

通过对学习过程的反思和调整，他们能够及时发现问题，调整学习方法，优化学习策略。这种反思性的学习方式不仅有助于他们更好地理解和掌握知识，也培养了他们对自身学习过程的主动把握和管理能力。

通过这一综合解答，我们得出结论：人工智能驱动的英语翻转课堂混合式教学在提升学生的语言能力、学科知识水平、课堂参与度、学习动机及自主学习能力等多个方面均有显著成效。

三、讨论与改进建议

（一）教学方法的有效性

从数据结果来看，人工智能驱动的英语翻转课堂混合式教学在多个方面都有显著的效果。然而，在今后的研究中，我们需要更深入地探讨不同人工智能工具和平台的选择，以及如何最大程度地发挥其优势，进一步优化教学设计。

（二）学科知识的整合

尽管学科知识方面表现出色，我们的未来研究可以进一步探讨如何更好地整合英语语言技能和学科知识，以实现更全面的学科发展。

（三）学习动机的长期影响

学习动机的提升是一项鼓舞人心的发现，但需要我们更深入地研究来了解这种提升是否能够持续，并对学生的整体学业成绩产生何种影响。

（四）个体差异的考量

虽然在实验设计中努力消除了个体差异，但我们未来的研究可以更系统地考察不同学生群体对人工智能驱动教学的适应性，以更好地满足个体差异。

（五）教学改进与可持续性

结合学生的反馈和综合分析结果，教育者可以有针对性地进行教学改进。此外，我们需要考虑人工智能驱动教学的可持续性，包括师资培训、资源维护等方面的问题。

（六）更广泛地应用

在验证了人工智能驱动的英语翻转课堂混合式教学的有效性后，我们可以考虑在更广泛的教育背景中推广应用，以促进英语教育的整体水平提升。

第七章　教育变革和可持续发展

第一节　教育变革的机遇与挑战

一、人工智能驱动的英语教育变革机遇

（一）个性化学习

1.学习数据分析

学习数据分析是人工智能技术在教育领域的一项重要应用，通过收集、处理和分析学生的大量学习数据，系统能够深入了解学生的学习过程、行为和需求。这为教育系统提供了机会，能够更加精准地满足不同学生的学习需求和兴趣，实现个性化教育的目标。

一是，人工智能技术可以通过追踪学生的学习习惯来获取丰富的数据。这包括学生在何时、何地、以何种方式进行学习等方面的信息。通过对这些数据的综合分析，系统可以为每个学生构建其独特的学习习惯档案，从而更好地理解学生的学习方式和偏好。

二是，学习进度是另一个重要的数据维度。人工智能系统能够跟踪学生在不同学科和知识领域的学习进度，识别学习速度快慢的地方，以及学习难度较大的知识点。通过对学习进度的深入分析，系统可以为每个学生量身定制学习计划，使其在更短的时间内更好地掌握知识。

三是，人工智能还能够捕捉学生在学习过程中遇到的困难和挑战。通过分析学生的错误模式、频繁出现的疑惑点，系统可以及时识别学生可能存在的学习困难，并提供相应的帮助和支持，以促进学生的学习效果。

2.定制化学习体验

基于人工智能算法的支持，教育系统具备了为每个学生量身定制学习计划和教学内容的能力，从而提供了个性化学习体验。这一创新的教育模式赋予学生更

多的学习自主权，使他们能够按照个体的学习节奏和方式进行学习，深入探索自己感兴趣的领域，为每位学生提供更为精准、灵活的学习体验和更好的学习效果。

首先，个性化学习体验的实现离不开人工智能算法对学生学习数据的深度分析。通过收集和分析学生的学习习惯、学科偏好、学习历史等多维度的数据，教育系统能够深入了解每个学生的学习需求和兴趣点。这种数据驱动的方法使得系统能够为每个学生建立独特的学习模型，为个性化学习提供有力支持。

其次，教育系统基于学习模型可以为学生量身定制学习计划。根据学生的学科水平、学科偏好和学习目标，系统可以智能地制定学习路径和进度，确保学生在个体化的学习过程中能够达到更高的学术成就。这种定制化学习计划不仅考虑了学科内容，还充分融入了学生的兴趣和发展方向，为其提供更为有针对性的学习体验。

同时，基于人工智能的教育系统能够为学生提供个性化的教学内容。系统可以根据学生的学科需求和兴趣点，推荐适合的学习资源、教材和活动，使学生能够更好地融入学科学习，激发学习兴趣，提高学习效果。

3. 精准辅导和指导

通过人工智能技术，教育者能够实现对学生的精准辅导和指导，从而更好地满足个性化学习需求。这一过程基于对学生学习数据的深度分析，使得教育系统能够根据学生的知识掌握情况和学习进程提供有针对性的支持、建议和反馈，为学生的学业发展提供更有效的指导。

首先，人工智能系统能够监测学生的知识掌握情况。通过对学生在各个学科和知识领域的学习成绩、作业表现及定期测试的分析，系统能够识别学生的优势和薄弱点。这使得教育者能够有针对性地进行辅导，针对学生的具体需求提供定制化的学科支持，帮助其更好地理解和掌握知识点。

其次，学习进程的监测使得系统能够在学生遇到学习困难时提供及时的帮助。通过追踪学生的学习进度，识别可能的瓶颈和挑战，系统可以为学生提供实时的学习建议。这包括调整学习计划、推荐适合的学习资源、提供解决问题的方法等，从而使学生能够更快地克服困难，提高学习效果。

最后，通过对学生学习历史和学习方式的分析，系统能够为教育者提供深入的洞察，使其更好地了解学生的学习风格、兴趣和潜力。这有助于个性化教育的实现，为每个学生提供更适宜的学习环境和资源，激发其学习潜力。

（二）虚拟现实和增强现实的应用

1. 沉浸式学习体验

虚拟现实（VR）和增强现实（AR）技术为英语学习提供了一种沉浸式的学

习体验，通过模拟真实场景和情境，为学生打造更加身临其境的学习环境。这一创新性的教学方法不仅为学生提供了更丰富的语言输入，同时通过模拟真实交流场景，促进了语言交际能力的全面提升。

在沉浸式学习体验中，学生可以通过虚拟现实技术仿真的场景与英语母语人士进行互动交流。这种虚拟对话环境能够帮助学生更好地适应真实语言环境，提高他们的口语表达能力。学生不再局限于传统的书面材料或录音，而是能够亲身参与虚拟对话，通过模拟真实情境提升语言应用能力。

此外，增强现实技术的运用也为学生提供了更多的学科实践机会。通过AR技术，学生可以在虚拟世界中进行英语实际运用，例如参与虚拟会议、演讲或团队合作项目。这种互动式的学习体验不仅增加了学生的学科实践经验，同时也提高了他们在真实情境下应对英语沟通的信心。

沉浸式学习体验的另一个重要方面是其能够培养学生的文化认知。通过虚拟现实和增强现实技术，学生可以沉浸式体验英语文化，了解语言背后的文化内涵。这有助于打破语言与文化的隔阂，促进学生对英语语境的更深层次理解。

2.实践和应用能力培养

虚拟现实（VR）和增强现实（AR）技术通过模拟各种真实情境为英语学习者提供了实践和应用能力培养的独特机会。在虚拟环境中进行的实践活动可以涵盖多个场景，如商务洽谈、旅游问路等，使学生能够在模拟的情境中进行实际操作和应用练习。

通过这种模拟实践，学生有机会将在课堂学到的英语知识应用于实际场景，从而深化对知识的理解。例如，在虚拟商务洽谈中，学生可以运用商务用语、谈判技巧等语言技能，提高其在商务交流中的应对能力。这种实践性学习有助于巩固学生的语言基础，培养他们的实际应用能力。

在虚拟现实和增强现实技术的支持下，学生能够通过模拟情境更加全面地练习和提升语言表达的准确性和流利度。通过互动式的虚拟体验，学生可以不仅仅是被动地接收信息，而是能够主动参与、运用语言进行交流。这种参与式学习有助于提高学生在真实情境中使用英语的信心和熟练度。

此外，虚拟实践还为学生提供了一个相对安全的环境，使其能够在模拟中犯错、纠正，并从中学习。这种试错的机会有助于学生更加积极地参与学习过程，培养自主学习和问题解决的能力。

3.跨文化体验和意识培养

虚拟现实（VR）和增强现实（AR）技术为学生提供了模拟跨文化体验和意

识培养的独特机会。通过这些技术，学生可以身临其境地参与不同文化背景和国家的情境，深入了解和体验不同文化之间的差异和相似之处。

在虚拟现实和增强现实的模拟环境中，学生可以沉浸式体验各种跨文化情境，如日常生活、商务交往、社交场合等。他们可以与模拟人物互动，了解不同文化的礼仪、价值观念、沟通方式等方面的特点。这种亲身体验有助于拓宽学生的文化视野，促使他们更加开放、包容，培养跨文化交际的敏感性。

通过虚拟现实和增强现实技术，学生能够更直观地感知和理解不同文化的语境，提高对文化差异的认知水平。这有助于培养学生的跨文化意识，使他们更好地适应多元文化社会，并在跨文化交际中更加灵活和自信。

在跨文化体验的同时，学生还可以通过虚拟现实中的角色扮演和模拟互动，提高他们在真实跨文化交际中的应变能力。这种模拟训练为学生提供了一个低风险、可控的学习环境，使其能够更自信地面对跨文化交往中的挑战。

（三）智能评估和反馈

1.自动评分和分析

人工智能技术的应用为语言学习领域带来了自动评分和分析的便利，提高了学生语言技能的准确性和效率。通过自动评分系统，学生的口语、听力、写作等方面的表现可以在短时间内得到快速而准确的评估。

首先，自动评分系统通过语音识别技术可以对学生的口语表达进行分析和评分。系统能够捕捉语速、发音准确性、语调等多个方面的信息，全面而客观地评价学生口语水平。这种自动评分方式大幅缩短了教师评估口语的时间，同时避免了主观评价可能存在的偏见，提高了评价的客观性。

其次，在听力方面，人工智能系统可以自动分析学生对听力材料的理解程度。通过语音识别和自然语言处理技术，系统可以检测学生对关键词汇的听写准确性、对语音语调的理解等方面，为学生的听力能力提供全面的评估。这种方法不仅提高了评估的及时性，还为学生提供了更具体的听力改进建议。

在写作方面，自动评分系统对学生写作的结构、语法、词汇使用等进行深入分析。系统可以自动检测拼写错误、语法问题，评估文章的逻辑性和连贯性。通过这些分析，教育者可以更加具体地了解学生写作中的问题，为个性化的写作指导提供依据。

自动评分系统还能通过大数据分析学生答题过程和答案，挖掘学生的学习偏好和问题。系统可以分析学生在学习过程中的偏好，包括学习时间、题型偏好等，为个性化的学习计划提供参考。同时，通过对学生错误的深入分析，系统可以发现学生在语法、词汇等方面的薄弱环节，为有针对性地教学提供支持。

2.实时反馈和改进

基于人工智能技术的实时反馈系统在教育领域的应用为学生提供了更为灵活、个性化的学习体验。这种系统能够即时分析学生的学习表现，并以详细的反馈和建议帮助他们纠正错误、改进学习策略，从而在学业上取得更好的成绩。

首先，实时反馈系统通过监测学生的学习进度和表现，能够迅速识别出学习中存在的问题和错误。例如，在语言学习中，系统可以即时检测到学生口语发音的准确性、语法使用的规范性等方面的问题。这种及时的反馈有助于学生在错误形成之初及时得到纠正，避免错误在学习过程中得以巩固。

其次，实时反馈系统不仅能够指出问题，还能提供具体的改进建议。针对学生在口语、写作等方面的不足，系统可以给予详细的建议，比如提供正确的发音示范、给予语法纠正等。这种个性化的指导有助于学生更加有针对性地改进自己的学习方法，提高学习效果。

在语言学习中，实时反馈系统还能够根据学生的学习习惯和喜好，提供相应的学习资源和推荐。通过分析学生在学习中的偏好，系统可以向学生推荐符合其兴趣和水平的学习材料，使学习更加有趣和富有成就感。

最后，实时反馈系统还可以追踪学生的学习历程，形成学习档案。这些档案记录了学生的学习轨迹、改进过程和取得的成就，为教育者提供了全面的数据支持。教育者可以通过分析这些数据，更好地了解学生的学习特点，调整教学策略，进一步提高教学效果。

3.个性化辅助学习

通过对学生学习数据的深入分析，教育系统可以形成更为精准的个性化辅助学习方案，为每个学生量身定制教学计划，从而最大程度地满足其学习需求和提高学习成果。

首先，通过对学生的学习数据进行全面、多层次分析，系统能够全面了解学生在不同学科和技能方面的优势和不足。这种深入分析包括但不限于学习习惯、知识点掌握程度、学习节奏等方面，为教育者提供了全方位的信息，帮助其更好地理解每个学生的学习特点。

其次，教育系统可以基于学生的评估结果制订个性化的教学计划。通过综合分析学生的强项和薄弱项，系统能够为每个学生制定独特的学习路线图，强化其优势，有针对性地填补知识漏洞，确保学习计划更贴合学生个体需求。

个性化辅助学习还可以通过提供个性化的辅导和指导，强化学生在学科知识和技能方面的掌握。例如，系统可以为在某一领域表现不佳的学生提供额外的练习和教学资源，帮助其更好地理解和应用相关知识。

在这一过程中，教育者充当着重要的角色，他们根据系统提供的学生学习数据，灵活调整教学策略，提供个性化的辅导和反馈。这种互动式的教学模式有助于激发学生的学习兴趣，提高学习主动性。

二、人工智能驱动的英语教育面临的挑战

（一）社会和教育不平等问题

1. 数字鸿沟

数字鸿沟是指由于地理、经济等原因，在不同地区或群体之间存在的信息和技术获取的不平等现象。在人工智能技术在英语教育中广泛应用的背景下，数字鸿沟的存在成为制约学生平等接触先进教育资源的一项挑战。

一是，人工智能技术在英语教育中的应用通常依赖高速互联网和先进的设备。然而，在一些地区，尤其是贫困地区，缺乏稳定的网络连接和先进的技术设备，这使得学生无法充分享受到人工智能技术所带来的创新教育机会。这种不平等的数字基础设施条件导致了教育资源的不均衡分配，加剧了数字鸿沟的存在。

二是，解决数字鸿沟的方法之一是提升网络覆盖率。通过加强基础设施建设，特别是在偏远和贫困地区，扩大高速互联网的覆盖范围，可以为学生提供更广泛、稳定的网络连接，消除数字鸿沟的一大阻碍。

三是，降低设备成本也是解决数字鸿沟的重要途径之一。采取措施降低智能设备的价格，包括提供补贴、引入更实惠的设备型号等，可以使更多学生获得人工智能技术支持的学习工具，从而缩小数字鸿沟。

最后，优化教育资源分配也是解决数字鸿沟的关键一环。通过建立公平的教育资源分配机制，确保各个地区和学生群体都能够平等获得人工智能技术支持的英语教育资源，有助于缩小数字鸿沟的差距。

2. 数字文化差异

数字文化差异是指在不同地区和群体之间，对于人工智能技术的接受程度和使用习惯存在着明显的差异。这一差异不仅体现在个体对新技术的态度上，也在教育系统的整体观念和模式中有所表现。解决这个问题需要通过多方面的途径，包括促进教育者的数字素养培养、更新教育观念，以及提供全面的技术培训和支持。

首先，一些教育者可能对新技术持有相对保守的态度，担心人工智能技术可

能取代传统的教学模式，导致对其产生抵触情绪。为了缩小这一数字文化差异，我们有必要通过培养教育者的数字素养，提高他们对人工智能技术的认知水平。这包括教育者对人工智能技术原理和应用领域的深入了解，以及通过培训课程等方式提升他们运用新技术的信心。

其次，教育观念的更新也是解决数字文化差异的关键因素。教育体系需要适应科技发展的趋势，认识到人工智能技术在提高教学效果和学生体验方面的潜在优势。通过制定相关政策和推动教育改革，我们可以促使教育机构更加积极地引入和应用人工智能技术，以推动数字文化的统一。

最后，为了实现数字文化的统一，提供全面的技术培训和支持也是不可或缺的。教育者需要获得使用人工智能工具的操作技能，并了解如何有效地将其融入教学实践。提供有针对性的培训课程、技术支持团队及实践机会，有助于消除数字文化差异的阻碍，使各地区和群体能够更好地适应人工智能技术在英语教育中的发展。

（二）教育者的数字素养和教育培训

1. 数字素养

在数字化时代，教育者需要具备一定水平的数字素养，以更好地理解和充分利用人工智能技术进行教学。数字素养不仅包括对人工智能技术的基本概念和原理的理解，还要求教育者能够熟练运用相关软件和工具，具备分析和应用学生学习数据的能力。为实现这一目标，教育机构和政府在数字素养培养和支持方面有着重要的责任。

一方面，教育者的数字素养需要建立在对人工智能技术基本概念和原理的深入理解之上。教育者应了解人工智能是如何工作的，其应用领域和局限性，以更好地把握人工智能在教育中的潜在作用。此外，他们还需要熟悉人工智能相关的软件和工具，能够灵活运用这些技术支持教学实践。

另一方面，数字素养还包括对学生学习数据的分析和应用能力。教育者需要能够有效地收集、处理和解读学生的学习数据，以便更好地了解学生的学习习惯、需求和困难。通过对学生学习数据的分析，教育者可以个性化地制订教学计划，提供有针对性的辅导和指导，最大程度地满足学生的学习需求。

2. 教育培训

为了提高教育者的数字素养，建立完善的教育培训体系至关重要。这一培训体系应当包括多方面的举措，以确保教育者能够全面了解和熟练运用人工智能技术在教育中的应用。以下是一些关键的培训策略：

首先，开设相关课程和培训。教育机构可以设计并提供一系列涵盖人工智能技术基础知识、教学应用技能和数据分析等方面内容的培训课程。这些课程应该不仅注重理论知识的传授，还应强调实际操作和案例分析，使教育者能够将所学知识运用到实际教学中。

其次，开展专门的教师培训项目。定期组织专门的培训项目，邀请专业技术人员和教育领域专家进行指导和支持。这些培训项目可以以研讨会、短期培训班、讲座等形式进行，为教育者提供深入交流和学习的机会。

同时，引入专业技术人员进行指导和支持。与科技公司、研究机构等合作，邀请专业技术人员参与培训过程，分享最新的人工智能技术发展动态和实际应用案例。这样的合作不仅能够增加培训的专业性，还能够激发教育者的学习热情。

教育机构和政府可以合作成立培训中心或平台，提供持续的教育培训机会。这样的中心或平台可以集结各方资源，通过线上线下结合的方式，为广大教育者提供灵活多样的培训内容。培训中心还可以成为教育者交流和分享经验的平台，促进教学经验和创新的传播。

（三）学生的技术教育

1.基本技术素养

学生在数字化时代需要具备基本的技术素养，以更好地应对人工智能技术在学习和信息获取中的应用。这一技术素养的基本要求包括对各种学习工具和在线资源的熟练操作，以及有效地利用搜索引擎和社交媒体进行信息检索和交流。

一是，学生需要熟练运用学习平台、在线资源和学习软件等工具。这包括但不限于学校或机构提供的在线学习平台，电子图书馆，以及各种教学应用程序。通过熟练操作这些工具，学生可以更方便地获取学习资料，参与在线课堂，完成作业和项目等。这种操作能力不仅提高了学生学习的效率，也使他们更好地适应了数字化学习环境。

二是，学生需要具备使用搜索引擎的能力。学习如何有效地使用搜索引擎，精准检索所需信息，是培养学生自主学习和信息获取的关键。通过了解搜索引擎的高级搜索技巧，学生能够更迅速地找到相关学术文献、专业资料和其他学习资源，提高信息检索的准确性和速度。

三是，学生还应当能够运用社交媒体进行信息交流和分享。在数字时代，社交媒体成为信息传播和互动的重要平台。学生需要学会在社交媒体上关注学术资讯、参与专业讨论，从而拓展学科知识，建立学术网络。同时，了解社交媒体上的信息真实性和可信度，培养对信息的批判性思维，是技术素养的重要组成部分。

2.批判性思维和信息素养

学生在数字化时代需培养批判性思维和信息素养，以更全面地理解和评估人工智能技术的优势和局限，同时能够辨别信息的真实性和可靠性。教育者在教学中应将培养学生的批判性思维和信息素养视为重要的教学目标，通过引导学生主动思考和分析，帮助他们建立对信息的敏感性和培养批判性思考能力。

首先，学生需要理解人工智能技术的优势和局限。在信息时代，人工智能技术的应用日益广泛，但学生需要明白这一技术的局限性，包括算法的偏见、数据的质量和隐私等问题。培养学生对人工智能技术的批判性思考，使其能够在应用中理性看待技术的发展，并对其潜在影响有清晰认识。

其次，学生需要具备辨别信息真实性和可靠性的能力。随着信息的爆炸性增长，学生面临着海量的信息，其中既有真实可靠的，也存在虚假误导的。因此，培养学生对信息来源、内容和传播途径的辨别能力，帮助他们识别假信息，提高信息的筛选和利用效率。

教育者在教学中可以通过设计相关任务和案例研究，引导学生运用批判性思维分析人工智能技术的实际应用和社会影响。同时，教育者还应引导学生主动参与信息社交网络，通过与同学和专业人士互动，了解多元化的观点，从而培养学生的信息素养。

第二节　可持续发展的教育模式探索

一、环保教育的理念与实践

（一）跨学科整合的环保教育

1.融合传统英语教学与环境科学

人工智能技术为英语环保教育开辟了一条融合传统英语教学与环境科学的创新路径。在这一新兴的教育模式中，教育者能够利用人工智能技术，将环境科学、社会学和伦理学等多学科知识有机融入英语课程，为学生提供更为综合和全面的学习体验。这一整合旨在超越传统学科的界限，使学生能够更深入地思考和理解环境问题，同时提升其英语语言能力。

通过结合英语和环境科学，教育者能够设计具有深度和广度的学习内容。在课堂上，学生不仅可以学习英语的语法和词汇，还能够探讨与环保相关的实际案例、研究结果和社会影响。这种综合性的学科设计有助于激发学生对英语学习的兴趣，使其在学习语言的同时更好地理解和应用相关领域的知识。

人工智能技术的运用为学生提供了更灵活和个性化的学习体验。通过智能化的教育平台，学生可以根据自身兴趣、学习进度和水平获得定制的学习资源。这种个性化学习的方式使每位学生都能够在自己感兴趣的领域深入学习，同时更好地理解与环保相关的英语表达方式和专业术语。

此外，融合人工智能技术的英语环保教育还能够激发学生的创造性思维。通过与环境科学相结合，学生有机会参与项目式学习、实地考察和解决实际环境问题的活动。这不仅培养了学生的实践能力，还促使他们更积极地参与社会实践，形成对可持续发展的责任感。

2.培养对生态系统的深刻认识

通过跨学科整合，学生得以深刻理解生态系统的结构和功能，认识到人类活动对环境的深远影响。人工智能技术为教育者提供了丰富的虚拟资源和模拟工具，使学生能够在模拟环境中观察、分析生态系统的变化，从而加深对环境问题的认识。

跨学科整合将环境科学、社会学和伦理学等多学科知识融入英语教学，为学生提供更全面的视角。通过在语言学习中引入生态学等相关学科的概念，学生能够更系统地了解生态系统的运作机制、相互关系和生态平衡。这种深度的学科整合有助于打破传统学科之间的壁垒，促使学生形成综合性的认知结构。

人工智能技术为教育者提供了更多的虚拟资源和模拟工具，这使得学生能够在模拟环境中进行观察和实践。通过虚拟现实技术，学生可以沉浸在生态系统的虚拟场景中，观察各种生物的行为、生态链的运作等，从而更加生动地理解生态系统的运行机制。这样的学习体验使学生能够在虚拟环境中进行实验和探究，提高他们的学科理解水平。

在人工智能技术的支持下，学生能够通过模拟工具模拟不同环境条件下的生态系统变化。这种模拟分析的方式使学生能够更具体地了解不同因素对生态平衡的影响，培养他们的科学观察和实验设计能力。通过这样的模拟实践，学生不仅能够理论上理解生态系统的运作，还能够通过实际操作加深对环境问题的认识。

（二）绿色校园建设

1.智能化技术在绿色校园中的应用

在人工智能的推动下，教育机构得以借助智能化技术实现对绿色校园的智能管理，为环保教育提供了实践基础。智能化技术在绿色校园中的应用主要体现在能源和水资源的智能监测与调控方面。

一方面，智能化技术在绿色校园中的应用可以通过实现对能源的智能监测和调控来实现节能和降低碳排放。通过安装智能传感器和监测系统，学校可以实时获取各个区域的能耗数据，并进行分析和优化。智能系统可以根据学校的实际情况，自动调整照明、供暖、空调等能源设备的运行模式，以提高能源利用效率。这不仅有助于降低学校的能源开支，还培养了学生对于能源管理和节能减排的意识。

另一方面，智能技术在水资源方面的应用也有助于绿色校园的建设。通过智能监测水资源的使用情况，学校可以及时发现和解决水资源浪费的问题。智能化系统可以自动控制灌溉系统、水龙头等设备，确保在不影响正常使用的前提下实现水资源的高效利用。通过英语学习，学生可以了解这些智能技术的原理和应用，加深他们对绿色科技的认识。

最后，学校可以将智能化系统的建设纳入英语教育中，让学生通过实际参与智能化系统的使用和管理，提升他们对绿色技术的应用能力。通过与智能系统互动，学生能够深入了解智能技术的工作原理，培养他们对科技创新的兴趣和理解。这种实践性的学习方式有助于学生更好地理解环保理念，并将其融入日常生活中。

2.低碳、环保生活方式的倡导

在英语环保教育中，我们不仅要关注理论知识的传授，还应倡导低碳、环保的生活方式。通过语言学习，学生能够深刻理解可持续发展的理念，并将这些理念融入日常生活实践中。人工智能技术为教育者提供了更为直观、生动的教学手段，使学生更容易接受和理解这些理念。

一是，英语环保教育可以通过课程内容引导学生了解低碳、环保的生活方式。教育者可以借助人工智能技术，结合虚拟现实和模拟场景，创造出生动的学习体验。例如，通过虚拟场景模拟可持续发展城市的生活方式，让学生在语言学习的同时亲身感受环保生活的方方面面。这样的学习方式不仅能够提高学生的学习兴趣，还能够激发他们对低碳生活的认同感。

二是，英语环保教育应该强调语言的实际运用，让学生在语境中理解和使用与环保相关的词汇和表达方式。通过项目式学习和实际交流，学生可以运用所学的语言知识，探讨并分享环保经验，形成对环保生活方式的积极态度。人工智能技术可以提供个性化的语言学习方案，根据学生的兴趣和水平设计相关课程，增加学生在实际语境中应用环保知识的机会。

三是，英语环保教育还可以通过社会互动平台促进学生之间的信息交流和资源共享。教育者可以借助人工智能技术创建在线社区，鼓励学生分享自己的环保实践和心得体会。这种社交化的学习环境有助于形成积极的环保文化，使环保理念更加深入人心。

（三）培养环保责任感和行动能力

1.丰富的学习资源和互动方式

人工智能技术为英语环保教育注入了更多的学习资源和互动方式，从而提升了学生的学习体验。虚拟现实和在线协作等工具在这一过程中发挥着重要的作用，为学生创造了更为丰富的学习环境。

首先，通过虚拟现实技术，学生可以身临其境地体验各种环保场景，无论是参与环境保护项目还是探访可持续发展的城市。这种虚拟体验不仅使学生更加深入地理解环保的重要性，还提供了一种全新的学习方式。人工智能技术的运用可以根据学生的兴趣和学习进度，定制个性化的虚拟现实体验，使学生在情境中学习，提高学习的参与度和深度。

其次，在线协作成为英语环保教育中的一项重要工具。学生可以通过在线平台与全球范围内的同学进行协作，一同解决实际的环境问题。这种跨文化的合作不仅促进了英语语言技能的提升，更培养了学生的环保责任感和团队协作精神。人工智能技术可以支持在线协作平台的智能化功能，提供语言翻译、实时沟通等辅助工具，增强跨文化交流的效果。

同时，学生在在线平台上还能够分享自己的环保实践经验和心得，形成一个开放的学习社区。教育者可以利用人工智能技术分析学生的分享内容，为学生提供个性化的学习建议，引导他们更深入地思考和探讨环保问题。这种互动方式不仅促进了学生之间的信息交流，也强化了他们对环保主题的理解。

2.虚拟现实中的实际行动

通过虚拟现实技术，学生得以身临其境地感受环境问题，从而更深刻地理解这些问题的紧迫性和现实性。这种直观的体验不仅为学生提供了一种全新的学习方式，还在很大程度上激发了他们的实际行动能力，使其在语言学习的同时积极参与到环保实践中。

首先，虚拟现实技术可以模拟多种环境场景，包括森林砍伐、海洋污染等各种真实存在的问题。通过戴上虚拟现实设备，学生仿佛置身于真实的环境中，能够感受到树木被砍伐的声音、海洋中生物受到威胁的场景等。这样的身临其境体验大幅提升了学生对环境问题的感知，使其更加直观地认识到这些问题对地球的影响。

其次，虚拟现实技术还能够创造一系列的虚拟任务，让学生在模拟环境中进行实际行动。例如，在虚拟森林中，学生可能被要求参与植树活动；在虚拟海洋中，他们可能需要清理垃圾以保护海洋生态。这些虚拟任务不仅使学生更深入地了解环保行动的必要性，同时虚拟现实中的实际参与，激发了他们对环保行动的兴趣和热情。

在语言学习方面，通过虚拟现实中的实际行动，学生将面临使用英语进行沟通和协作的情境，这促使他们在语言技能上提升。例如，在虚拟环境中，学生需要与团队成员协商解决环境问题的方案，这要求他们运用英语进行有效沟通，增强了语言表达和交流能力。

二、社会经济可持续性与教育的关系

（一）社会责任感的培养

1.语言学习中的社会责任感元素

人工智能技术为英语教育注入了培养社会责任感的创新元素，使语言学习不再仅仅局限于语法和词汇的学习，更加注重学生对社会问题的思考和关注。这种新的教育理念通过引导学生参与全球性挑战的探讨，将英语教育打造成传递社会责任观念的桥梁，通过语言表达，学生分享对环境、社会公正等议题的看法，从而培养起对社会的责任感。

一方面，人工智能技术为英语学习提供了更为广泛和实时的信息获取途径。学生可以通过人工智能平台获取与全球环境、社会公正等议题相关的最新信息，了解全球性挑战的现状和影响。这种信息获取的便捷性使学生更容易关注到全球性的社会问题，激发了他们的社会责任感。

另一方面，英语教育通过项目式学习等方式鼓励学生深入思考社会问题，并通过英语进行表达。学生在语言学习的过程中，被引导思考环境、社会公正等议题，通过口头表达和写作展示自己的观点。这种实践不仅促使学生更深入地理解社会问题，同时培养了他们对社会责任的认知和承担能力。

人工智能技术的智能辅导和实时反馈机制也有助于培养学生的社会责任感。在语言学习过程中，学生通过参与在线讨论、小组项目等形式，与全球范围内的学习伙伴互动，分享对社会问题的看法。智能辅导系统能够及时纠正语言使用中的错误，提供专业性的建议，使学生的语言表达更准确、清晰，从而更好地传递社会责任观念。

2.语言作为社会责任观念的传递媒介

语言在人工智能驱动的英语教育中不仅仅被视为一种交流工具，更是传递价值观念的有力媒介。通过创造性的教学设计，英语教育将学生引导至社会责任问题的思考，使其在语言学习中直接接触并深入思索社会责任的议题。这种互动式的学习方式有助于激发学生对社会参与的热情，培养他们在日常生活中积极履行社会责任的习惯。

一是，语言作为社会责任观念的传递媒介，在英语教育中通过真实案例、故事、新闻报道等形式，将社会问题融入语言学习中。学生通过阅读和听力理解等活动，直接面对全球范围内的环境、社会公正等议题，深刻感知问题的现实性和紧迫性。这种情境化的学习方式使学生更容易理解并关注社会责任的核心概念。

二是，英语教育通过鼓励学生参与社会讨论、小组项目等实践活动，促使他们用英语表达对社会问题的看法。学生通过口头表达和书面写作，分享自己对环境、社会公正等议题的观点，使语言学习与社会责任观念的传递更加贴近实际。这种交流互动的过程不仅强化了学生的语言能力，也培养了他们对社会问题的独立思考能力。

三是，人工智能技术在英语教育中的应用，如智能辅导和实时反馈系统，为学生提供了更个性化、高效的学习体验。通过个性化的学习路径和实时的语言辅导，学生能够更好地理解和表达社会责任观念。这种个性化的学习方式有助于更好地满足学生的学习需求，使他们更自主地探索社会责任议题。

（二）创新能力的培养

1.项目式学习中的创新思维

实现社会经济可持续性的目标迫切需要培养具备创新能力的人才，而人工智能驱动的英语教育提供了项目式学习等创新性方式，有助于培养学生的创新思维。通过设计实践性任务，教育者能够引导学生运用英语语言技能解决社会经济问题，为他们提供参与实际挑战的机会，同时也培养了他们在未来社会经济可持续性发展中发挥作用的能力。

在项目式学习中，学生参与涉及社会经济问题的任务，这可能包括调查研究、解决方案设计等实际性活动。通过这些任务，学生需要在语言运用的同时，运用创新思维来理解和解决现实中的问题。例如，学生可能需要分析社会经济挑战的原因、提出可行的解决方案，并用英语进行有效的表达。

这种学习模式有助于培养学生的创造性思考和问题解决能力。首先，学生在实际项目中能够面对真实的挑战，激发了他们解决问题的积极性。其次，项目式学习强调团队协作，培养了学生在协同环境下运用创新思维解决问题的能力。这不仅有助于学生发现新的视角和方法，还促使他们学会在复杂的情境中进行创新性思考。

此外，人工智能技术的运用进一步增强了项目式学习的效果。智能辅导系统可以根据学生的学习表现提供个性化的指导，使学生更好地理解和应用创新思维。实时反馈系统也为学生在项目中的创新实践提供了及时的指导，帮助他们不断改进和深化自己的创新能力。

2. 语言运用中的解决问题能力

语言学习并非仅仅是语法和词汇的学习，更重要的是培养学生解决问题的能力。在运用英语参与社会经济议题的讨论过程中，学生通过语言表达不仅能够清晰地传达自己的观点，还能够思考问题的多面性。这样的语言实践不仅激发了学生在解决社会问题方面的自信心，同时也培养了他们解决问题的能力。

通过参与社会经济议题的英语讨论，学生将面对复杂的问题，这要求他们能够深入思考问题的各个层面，并用英语清晰地表达自己的看法。这个过程中，他们需要运用丰富的词汇和适当的语法结构，以确保自己的观点能够被准确理解。这种语言实践不仅提升了学生的语言水平，更培养了他们的逻辑思维和问题解决的能力。

解决问题的能力不仅仅停留在理论层面，还包括学生在实践中应用解决方案的能力。通过语言学习，学生能够为社会问题提出创新性的解决方案，并通过英语有效地传达这些方案。这不仅锻炼了学生在实际情境中解决问题的技能，同时也培养了他们对社会问题的关注和积极参与的态度。

人工智能技术的运用进一步增强了语言运用中的解决问题能力。智能辅导系统可以为学生提供个性化的指导，根据其学习表现提供针对性的建议，帮助他们更好地理解和应用解决问题的方法。实时反馈系统也使学生能够及时调整自己的思路，不断优化解决问题的策略。

（三）教育与社会各界的合作

1. 人工智能技术助力高效合作平台

为了更好地服务社会，教育机构需要与社会各界展开更紧密的合作。人工智能技术为建立高效的合作平台提供了可能性，这对于促进信息和资源的共享至关重要。通过智能化的系统，教育者能够与企业、非营利组织等实时互动，实现更加紧密的合作关系。

这样的高效合作平台不仅为学校提供了更多实践机会，同时也促使教育体系与社会需求更加紧密地对接。通过人工智能技术，合作双方可以更快速、更精准地共享信息，有效地解决问题和推动项目的实施。这不仅有助于学生更好地融入社会，还为教育机构提供了更广泛的资源和支持。

智能化的合作平台还可以促进跨界合作，使不同领域的专业知识得以整合。教育者、企业和非营利组织可以通过这一平台分享各自的专业经验和资源，实现全方位、多角度合作。这种跨界性的合作不仅丰富了学生的学习体验，也为解决社会问题提供了更为全面的视角。

在智能化合作平台的支持下，教育机构可以更灵活地响应社会的需求，更好地培养学生适应未来社会的能力。通过紧密的合作关系，学生不仅能够在课堂上获取知识，还能够在实际项目中应用所学，提高实践能力和解决问题的能力。这样的合作平台不仅有助于学校的发展，也对社会的可持续发展产生了积极的影响。

2. 教育服务社会经济可持续性的实现

与企业和社会组织的合作，使英语教育服务更贴近社会经济可持续性的实际需求。这种紧密的协作关系有助于教育机构更好地理解社会问题和企业的发展需求，从而能够更有针对性地调整英语教育的内容和方向，使之更符合未来社会经济的可持续发展方向。

首先，通过与企业的合作，教育机构能够深入了解当前社会经济结构中的人才需求。企业通常对于员工具备的语言技能和综合素养有明确的期望，教育机构可以通过与企业保持密切的联系，更准确地调整英语课程的设置，培养学生所需的实际技能，提高他们在未来就业市场中的竞争力。

其次，与社会组织的合作也是促进教育服务社会经济可持续性的重要途径。社会组织通常关注社会问题的解决和可持续发展，与之合作能够使教育机构更深入地了解社会的需求。在这种合作中，教育机构可以结合英语教育与社会问题相关的议题，设计相关课程，引导学生关注社会责任，培养他们解决社会问题的意识和能力。

这种紧密的合作关系使教育机构得以更灵活地调整课程，适应社会经济结构的变化。通过与企业和社会组织的互动，教育机构可以及时了解到社会的最新需求，将这些信息融入教育内容和形式中，使英语教育更具前瞻性和实用性。

第三节 人工智能驱动的教育未来展望

一、新兴技术对未来教育的影响

（一）人工智能在个性化学习中的应用

随着人工智能技术的发展，个性化学习逐渐成为未来教育的核心理念。过去的教育更注重统一的知识传授，而个性化学习强调根据学生的独特需求和特点，量身定制学习体验。

1.人工智能系统的学生建模

在未来，人工智能系统将通过对学生学习行为的深度分析，建立准确的学生模型，这一创新性的发展将深刻改变教育领域的面貌。学生建模将包括对学生学习习惯、兴趣爱好、知识水平等多方面信息的综合考量，通过采集和分析大量数据来形成对每个学生的独特模型。

首先，学习习惯的建模是学生建模中的一个重要方面。人工智能系统可以跟踪学生的学习活动，包括学习时间、学科偏好、学习速度等，从而形成对学生学习习惯的详细模型。这有助于系统更好地了解学生的学习方式，为其提供更为个性化的学习建议和资源。

其次，对学生兴趣爱好的建模也是关键的一环。通过分析学生在学习以外的活动，如阅读、参与社团、参观展览等，人工智能系统能够识别学生的兴趣领域。这为教育者提供了更具针对性的教学内容和趣味活动，激发学生的学习兴趣。

再次，知识水平的建模是学生建模的核心。人工智能系统可以通过对学生的作业、测验、考试成绩等数据进行分析，全面了解学生在各学科领域的掌握程度和学术水平。这为个性化教学提供了基础，系统可以根据学生的知识水平调整教学内容和难度，确保每个学生都能够得到适宜的学习支持。

2.智能化辅导和反馈

未来的个性化学习将紧密依赖于智能化的辅导和反馈系统，这将成为教育领域一项革命性的创新。基于学生模型的建立，人工智能系统将能够为每位学生提供个性化的学习路径、资源推荐及定制化的教学方法，从而更好地满足不同学生的学习需求和兴趣特点。

首先，个性化学习路径的提供是智能化辅导系统的关键功能。根据学生模型中的学习历史、知识水平和兴趣爱好等信息，系统能够精准地规划学生的学习路线，使其更好地适应个体化的学习需求。这将使学生能够更高效地掌握知识，提高学习的效果和满意度。

其次，个性化的资源推荐将为学生提供更丰富的学习材料。基于对学生兴趣、学科偏好的深度了解，智能系统可以为每个学生推荐更符合其学科倾向和学习风格的教材、文章、视频等学习资源，使学生更加主动地参与学习，提高学习的趣味性和深度。

最重要的是，定制化的教学方法和实时反馈将成为未来个性化学习的核心。系统可以根据学生的学习表现实时调整教学策略，提供针对性的辅导和指导。同时，系统能够及时发现学生可能遇到的困难点，通过精准的反馈帮助学生克服难题，提高学习效率。

（二）区块链技术助力学历认证与学习档案管理

1. 区块链技术的基本原理

区块链技术的基本原理在于其分布式、去中心化、不可篡改和透明的特性。区块链是一种由多个节点组成的分布式数据库，每个节点都包含着完整的账本副本。每一次交易都被加密形成一个区块，每个区块都包含了前一次交易的哈希值，形成一个链式结构。以下是区块链技术的基本原理：

首先，去中心化是区块链的核心特性之一。传统的中心化系统由一个中心机构或中介方控制，而区块链是由多个节点共同维护的网络，没有中央控制权。这使得数据更加安全，不容易遭到单一点的攻击或故障。

其次，区块链的不可篡改性是通过密码学的方式来实现的。每个区块都包含了前一个区块的哈希值，一旦数据被存储在区块链上，就很难对其中的信息进行篡改。因为如果篡改了一个区块，就需要同时篡改所有后续区块，这几乎是不可能完成的任务。

透明性是区块链技术的另一个关键特性。区块链上的所有参与者都可以访问整个账本的副本，即使每个人只能对部分数据进行更改，但整个系统的状态对所有人都是透明可见的。这种透明性增加了信任，使得区块链在建立信任的环境中得以应用。

将区块链技术引入学历认证和学习档案管理领域，可以为未来的教育体系带来深刻变革。将学生的学习成绩、证书、学历等信息存储在区块链上，可以保证这些数据的安全性和透明性，防止篡改和伪造。学生可以拥有自己的数字身份，通过区块链实现对学历的可信认证，这将在提高教育信息的可信度和可访问性方面发挥重要作用。

2. 学历认证的透明性与可信度提升

区块链技术的应用将学历认证提升至更高的透明度和可信度水平。学历认证的透明性是通过将每一份证书颁发的信息都记录在区块链上来实现的。每个区块都包含了前一个区块的哈希值，形成了一个不可篡改的链条，确保了信息的安全和完整性。以下是区块链技术在学历认证中提升透明性和可信度的关键方面：

首先，每一份学历证书的颁发都将被记录在区块链上。这包括学生的个人信息、学习成绩、所获得的学位等详细信息。由于区块链的去中心化和不可篡改性，任何人都可以访问这一信息，确保了数据的透明性。学生和雇主可以通过区块链轻松验证学历的真实性，降低了学历造假的可能性。

其次，区块链技术的应用加强了学历认证的安全性。传统的学历认证存在着证书伪造、成绩篡改等问题，而区块链的不可篡改性和密码学的保护使得这些问题变得极为困难。学历证书一旦被记录在区块链上，就几乎不可能被修改或删除，确保了学历信息的安全性。

最后，区块链技术提高了学历认证的可信度。学历信息的透明、不可篡改、可验证特性使得雇主更容易信任学历证书的真实性。这有助于建立更加公正、公平的招聘环境，为学生提供更多就业机会。

3. 个人学习档案的安全管理

区块链技术的去中心化特性为个人学习档案的安全管理提供了创新的解决方案。学生的学习记录、证书等关键信息将得到更安全存储，从而提升了学生个人数据的隐私安全性。以下是区块链技术在个人学习档案安全管理方面的关键优势：

第一，个人学习档案将存储于去中心化的区块链网络中。传统的学习档案管理通常集中在学校或其他机构的服务器上，存在被攻击或数据泄露的风险。而在区块链上，学生的学习记录被分布式存储在网络的每个节点上，形成不可篡改的区块。这使得攻击者难以入侵系统，提高了学生学习档案的安全性。

第二，学生将拥有更大的掌控权和数据主权。在传统系统中，学生的学习档案由学校或其他管理机构维护，学生难以对自己的数据行使有效控制。而在区块链上，学生通过私钥掌控自己的学习档案，决定何时分享给他人，从而更好地保护个人隐私。

第二，区块链的不可篡改性确保了学习档案的数据完整性。一旦学生的学习记录被记录在区块链上，就几乎不可能被篡改或删除。这为雇主、教育机构及其他相关方提供了确保学生学历真实性的信任基础，降低了信息造假的可能性。

（三）云计算促进在线学习的发展

1. 云计算与在线学习平台

云计算技术的不断发展将进一步推动在线学习平台的普及与发展。云平台为学生提供了随时随地访问丰富学习资源的便利性，从而实现个性化学习计划的弹性安排。这种便捷的学习方式有望彻底改变传统教育的地域限制，使得教育资源更加均衡地分布。

一是，云计算技术使在线学习变得更加灵活和便捷。学生可以通过云平台轻松获取到各类学习资料、课程视频及交互式教材，无论身处何地，都能够灵活地安排学习时间，满足不同学生的个性化学习需求。

二是，云平台的使用打破了传统学习模式的地域限制。传统上，学生需要前往学校或其他教育机构参与课堂学习，而云计算技术为在线学习提供了实现远程教育的技术基础。学生可以通过云平台与全球范围内的教育资源连接，跨越地域界限，获得更广泛、更多样化的学习机会。

三是，云计算技术的强大计算能力和数据存储功能为在线学习平台提供了更好的支持。大规模的在线课程、虚拟实验室等教学资源得以被有效管理和传递，从而提升了在线学习的质量和效果。

2. 协同学习的全球化

云计算技术的全球性质为协同学习提供了全新的可能性，使得学生能够轻松参与全球范围内的合作与共同学习。通过在线平台，学生可以与来自世界各地的同学展开协同合作，共同解决问题，从而扩大学习的广度和深度。

首先，云计算技术的全球化特性使得学生能够在虚拟空间中与来自不同文化、背景的同学进行互动。这种多元化的合作环境有助于拓宽学生的视野，增强跨文化交流的能力。通过参与全球性的协同学习项目，学生能够更好地理解世界各地的问题和挑战，培养全球公民意识。

其次，云计算技术的强大计算和数据处理能力为协同学习提供了高效的基础。学生可以通过在线平台实时分享文档、观看实时演示，甚至进行虚拟实验，这些功能都提供了实时的协同学习体验。这样的实时性和高效性有助于学生更加深入地参与到合作中，取得更好的学习效果。

最后，全球协同学习还能够促进跨学科的合作。学生可以在全球范围内与不同专业背景的同学合作，通过集思广益的方式解决跨学科性问题。这样的协同学习模式有助于培养学生的综合素养，提升解决复杂问题的能力。

二、学校和教育机构的变革路径

（一）课程设置的跨学科和实践导向

1.跨学科整合的核心理念

未来学校的核心理念之一是更加注重跨学科整合，将不同学科的知识融入课程设置，以促进学生更全面的学科发展。这一核心理念的背后体现了对于学科之间相互关系的新认识，以及对学生综合素养的重视。

在跨学科整合的视角下，学科之间不再被看作孤立的领域，而是被视为相互关联、相互渗透的知识体系。例如，英语课程不再仅仅局限于语法和词汇的教学，而是将其与科学、艺术等学科相结合。这种整合的目的在于通过语言学习引导学生更全面地理解和应用知识，使学科之间的联系更为紧密。

核心理念的一部分是强调培养学生的综合素养。传统的学科教育往往偏重于特定领域的专业知识，而跨学科整合则强调学生在不同学科领域中的应用能力。通过将英语与其他学科结合，学生能够更好地运用语言技能解决实际问题，提高综合素养，培养跨学科思维和能力。

跨学科整合的核心理念还在于促进学科之间的交叉合作，推动知识的共享和创新。学生在不同学科的学习中能够体验到知识的交融，更好地理解现实世界中的复杂问题，培养解决问题的能力。同时，教育者也需要在跨学科的教学设计中积极协同，打破学科之间的壁垒，促进知识的整合和创新。

2.实践性课程和项目的推广

未来学校课程设置的主流趋势之一是推广实践性课程和项目。这一趋势的背后反映了对于学生综合能力培养的重视，强调学科知识在实际应用中的价值。实践性课程和项目的推广旨在通过学生参与真实项目，应用所学知识解决实际问题，培养他们解决现实挑战的能力。

在这一变革中，英语学习被视为可以融入实际情境的重要组成部分。传统的英语教育注重语法和词汇的传授，而未来的实践性课程和项目则提供了一个更具体、更实际的语言学习环境。学生通过参与项目，能够在真实语境中提高语言运用能力，不仅仅是为了交流，更是为了在具体应用场景中更好地表达和沟通。

实践性课程和项目的推广有助于打破传统学科之间的壁垒，促使学生在多学科的整合中获得更丰富的经验。通过参与项目，学生可以在语言学习的同时培养团队协作、创新思维、问题解决等综合素养。这种跨学科的实际应用，有助于学生更好地理解学科知识在现实中的应用场景，提高他们的实际问题解决能力。

（二）灵活多样的教育评估体系

1. 传统考试的补充与拓展

未来学校的教育评估体系将逐渐摆脱传统考试的单一评估方式，取而代之的是建立灵活多样的评估机制。这一变革旨在更全面地了解学生的综合水平，使评估更贴近实际需求。除了传统考试，未来学校将注重多个方面的评估，为学生提供更全面的发展机会。

其中，实际项目的表现将成为评估体系中的重要组成部分。通过参与实际项目，学生能够将所学知识应用于实际情境中，并展示在实际问题解决过程中的能力。这种形式的评估不仅考察学科知识的掌握程度，更注重学生的创新思维、实际应用能力及团队合作能力。

实践能力的发展也将成为评估的重要方向。学生在课程中的实际动手能力、实验操作能力等将得到更为充分体现。这种评估方式有助于学校更准确地了解学生在实际操作中的技能水平，为他们未来的职业发展提供更有针对性的指导。

最后，团队协作能力也将被纳入评估范畴。未来社会强调团队合作与沟通能力，因此学生在团队协作中的表现将成为评价其综合素养的一个重要侧面。通过实际项目、团队任务等形式，学校可以更全面地了解学生在协同工作中的表现，培养他们更好地适应未来社会的团队合作需求。

2. 多元表现的全面反映

未来学校的评估体系将更加注重学生的多元表现，通过各种方式全面反映学生的真实能力。这一变革旨在摒弃传统考试的单一评估方式，更全面地了解学生在不同领域的综合素养。

学校将鼓励学生通过参与实际项目、展示个人技能、参与团队活动等形式，展示自己在多个方面的能力。实际项目的参与可以考查学生在实践中的应用能力和解决问题的能力，为学生提供更为贴近实际的学习体验。同时，个人技能的展示使学生有机会在自己擅长的领域中脱颖而出，充分展现个性化的发展路径。团队活动的参与则考查学生的团队协作、沟通和领导等方面的综合素养。

这种评估方式的优势在于能够更客观地反映学生的真实能力。相较于传统考试，多元表现评估更注重学生的实际动手能力、创新能力和团队协作能力，更贴近未来社会对人才的需求。通过全面了解学生在多个方面的表现，学校能够更准确地评价学生的整体素养，为他们提供更合适的发展方向和职业规划建议。

（三）教育者的终身学习和技术应用能力

1. 终身学习的理念

未来的教育者将坚持终身学习的理念，这一理念将成为他们的基本素养。在不断变化的知识和教育环境中，教育者需要持续更新自己的知识体系，不断掌握新的教学方法和技术，以保持在教育领域的竞争力。

终身学习的理念体现了教育者对知识的不断追求和对个人职业发展的责任心。随着科技的飞速发展和社会的不断变革，教育者需要适应新的教育理念、教学模式和技术工具，以更好地满足学生的需求。这意味着他们需要投入时间和精力，主动学习新知识，积极探索创新的教育方法。

终身学习也强调了教育者在教学实践中的反思和不断改进的态度。通过持续学习，教育者能够更好地了解学生的需求，更灵活地应对不同的教育挑战。这有助于提升教育者的教学水平，使他们更具有教育创新的能力。

此外，终身学习的理念还反映了教育者在教育领域中的自我角色定位。他们不仅是知识的传递者，更是引导学生不断学习的榜样。通过不断提升自身的学习能力，教育者能够更好地引导学生培养自主学习的能力，帮助他们适应未来社会的知识更新和职业发展的挑战。

2. 新兴技术的熟练运用

教育者熟练运用新兴技术，特别是人工智能技术，是未来教育中的关键因素。他们需要主动学习并掌握如何有效整合人工智能工具到教学中，以提高教学效果。这种熟练运用包括学会使用智能辅助工具、利用在线教学平台等，旨在更好地满足学生的学习需求。

在人工智能技术的发展浪潮中，教育者需要具备运用各种智能工具的能力。智能辅助工具可以根据学生的学习习惯、兴趣和水平提供个性化的学习支持，从而提高学生的学习效果。通过学习和熟练掌握这些工具，教育者能够更好地了解学生的需求，有针对性地调整教学策略，提供更加个性化的学习体验。

同时，教育者还需熟练运用在线教学平台。这些平台为教育提供了全新的教学模式，使学生可以随时随地获取学习资源，实现灵活学习计划。通过善用这些平台，教育者可以打破时间和地域的限制，为学生提供更加便捷和多样化的学习机会。

教育者的新兴技术运用不仅仅局限于课堂教学，还包括对教育数据的分析和利用。通过学习数据科学和人工智能的知识，教育者可以更好地理解学生的学习过程，及时发现问题并提供个性化的辅导。

第八章 结论与建议

第一节 研究结果总结

一、主要发现与突破

（一）学生学习兴趣提升

在本书中，研究者深入探索了人工智能驱动的英语翻转课堂混合式教学模式，旨在挖掘其在学生学习过程中的潜在优势。最显著的发现之一是，在采用这一模式的教学环境中，学生的学习兴趣得到了显著提高。通过人工智能技术的引入，研究者成功地创造了更具吸引力的学习体验，使学生更加乐于投入到学习活动中。

在本书中，研究者突破了传统教学框架的限制。通过智能化教材的设计和个性化学习路径的构建，研究者成功地为学生提供了更加个性化、灵活的学习途径。这一突破不仅意味着教学内容更贴近学生的兴趣和需求，同时使得学生能够以更自主、主动的方式参与学习，从而培养了他们更深层次的学科兴趣和学习动机。

另一个显著的发现是，采用人工智能驱动的翻转课堂混合式教学模式能够促进学生的自主学习。通过在线学习平台的支持和个性化学习资源的提供，学生在学习过程中展现出更高程度的自主学习能力。他们能够根据个体差异调整学习进度，自主选择学习内容，进一步加深了他们对英语学科的理解和掌握。

最后，研究者也成功地验证了这一混合式教学模式对学生语言能力的增强效果。通过人工智能辅助的教学资源和工具，学生得以更有针对性地进行语法、词汇和口语等方面的训练，取得了显著的进步。这不仅在学术上为教育技术的应用提供了新的实证支持，也为未来英语教育的创新提供了有益的经验和启示。

（二）语言能力提升

通过实验数据的详细分析，研究者发现采用人工智能驱动的教学资源和工具的翻转课堂模式在学生英语语言能力提升方面产生了显著的积极影响。这一模式的设计理念聚焦于个性化学习路径，为学生提供了更具针对性和灵活性的语言训练。

在实验中，学生通过智能化教材的引导，能够在个性化学习路径中更为有针对性地进行语法训练。这种个性化的设计有助于满足不同学生的学习需求和水平，使得语法训练更具效果。学生通过自主选择学习的方向，能够更加集中精力在他们认为需要加强的语法知识点上，从而在语法水平上取得明显的进步。

此外，翻转课堂模式的设计也促进了学生在词汇方面的提升。通过引入人工智能辅助的词汇学习工具，学生能够在虚拟学习环境中进行更为生动和互动的词汇学习。个性化的学习路径使得学生能够更灵活地选择适合自己的词汇学习策略，从而提高了词汇积累的效率。

最令人鼓舞的是，学生在口语表达方面也取得了显著的进步。通过采用智能语音识别工具，学生得以进行实时的口语训练，并且根据反馈进行及时调整。这一互动式的学习方式不仅提高了学生的口语表达能力，也增强了他们的语言感知和交际能力。

二、对研究问题的回答

（一）混合式教学模式与翻转课堂的协同作用

研究中，研究者深刻揭示了混合式教学模式与翻转课堂的协同作用，为学生提供了更为全面、个性化的学习体验。通过在线学习平台与传统课堂教学的紧密结合，研究者成功打破了传统教学的界限，创造了更为灵活、富有活力的学习环境。

混合式教学模式的关键在于将传统面对面的教学与在线学习相结合，而翻转课堂则通过颠覆传统教学模式，将课堂时间用于更为深入的讨论和实践活动。研究发现，将这两种模式有机地结合起来，使得在线学习平台成为课堂教学的延伸，更好地满足了学生个性化学习的需求。

在混合式教学模式中，学生通过在线学习平台可以随时随地获取学习资源，不受时间和地点的限制。而在翻转课堂中，学生在课前通过在线学习平台学习相关知识，使得课堂时间可以更专注于实际问题的解决、讨论和合作。这种有机结合，使得学生既能够在个人学习中充分发挥自主性，又能够在课堂中获得更多互动和合作的机会。

这一协同作用为学生提供了更灵活且丰富的学习体验。学生通过在线学习平台获取个性化的学习资源，自主选择学习路径，同时在课堂中能够更深入地与教师和同学互动。这种整合模式打破了传统教学的条条框框，促使学生更加主动地参与学习，培养了他们的批判性思维和团队协作能力。

（二）人工智能在教育中的关键作用

实验结果明确显示了人工智能在英语教育中扮演的关键角色。通过深度整合智能化教材的制作和个性化学习路径的设计，研究者成功为学生提供了一种更贴近实际需求的学习体验，从而显著提高了学习效果。

在实验中，智能化教材的制作突破了传统教材的单一性，通过融入先进的人工智能技术，教材得以更好地满足学生的个性化需求。这包括对语法、词汇、听力和口语等多个方面的定制化内容，以及实时的反馈机制，这使得学生能够更加深入、系统地理解和运用英语知识。

关键的一点在于个性化学习路径的设计，这通过人工智能技术的巧妙应用，使得学生能够根据自身水平、兴趣和学习风格进行灵活选择和调整。这种个性化设计不仅仅意味着教育内容的差异化，更体现在学习过程的个性化上。学生可以根据自身的学习进度和理解程度，自主选择学习内容和学习方式，从而更好地适应自身的学习节奏。

最后，个性化学习路径的设计还通过实时监测和分析学生的学习数据，为教师提供了更详细的反馈和指导信息。教师可以更全面地了解每个学生的学习状况，有针对性地进行教学调整和支持，以更好地满足学生的个性化需求，促进他们更全面、深入地掌握英语知识。

第二节　对混合式教学的建议

一、优化混合式教学模式

（一）课程设计优化

在混合式教学的背景下，课程设计的优化显得尤为重要，其核心在于更加精细地构建课程结构，以确保在线和线下学习环节的有机结合，使学生能够充分利用人工智能技术进行个性化学习。

首先，课程设计需要紧密关注在线学习平台的内容开发。在这一方面，人工智能技术的应用至关重要。通过深度挖掘学科知识结构和学生学习需求，研究者可以实现智能化教材的制作，以适应不同学生的学习进度和兴趣点。这包括但不限于语法、词汇、听力和口语等多个学科领域，以满足个性化学习路径的需要。

通过智能化教材，学生能够更深入地理解英语知识，实时获取反馈，从而提高学习效果。

其次，线下学习环节需要更好地融入课程设计。混合式教学的优势在于将线下课堂与在线学习相结合，而这一结合需要经过精心设计，以确保两者之间的衔接度和互动性。课堂活动应当更加注重实践、合作和讨论，这使得学生能够在师生互动中更好地理解和运用从在线学习平台中获得的知识。同时，教师可以通过线下课堂更全面地了解学生的学习状况，提供个性化的指导和支持。

最后，课程设计还需要强调学生参与和互动。通过引入在线讨论、团队合作等元素，鼓励学生在学习过程中积极参与、分享思考，促进同学之间的交流。这种参与式的学习模式既能够培养学生的批判性思维，也促使他们更好地理解和吸收所学知识。

（二）互动性强

强化在线学习平台的互动性是混合式教学中一项至关重要的任务，其目标在于通过提升实时讨论、团队合作等元素，促进学生间的合作学习和思想交流。

1. 互动性的强化应该注重在线学习平台的设计

互动性的强化在在线学习平台的设计中显得尤为重要。通过引入实时讨论功能，学生得以在虚拟学习环境中与同学和教师进行即时的沟通。这种实时性的互动机制不仅能够解决学生在学习过程中遇到的问题，还为他们提供了更多交流思想的机会。实时讨论不仅仅是问题解决的手段，更是促使学生在学术和思想层面进行深入交流的重要途径。

同时，引入在线小组讨论和团队合作项目也是强化互动性的有效手段。通过这些协作机制，学生能够在虚拟环境中共同探讨问题、分享见解，从而促进更深层次的学习。在线小组讨论为学生提供了一个共同研究和学习的平台，使他们能够共同解决问题、交流观点，并从多个角度深入思考学科知识。

在线学习平台的设计还应该注重培养学生的自主学习能力。通过引入个性化学习路径和资源，学生可以根据自身兴趣和学习风格选择适合他们的学习内容，从而提高学习的效果。个性化学习路径的设计需要考虑到每个学生的学科水平和学科兴趣，以确保他们在学习过程中能够获得最大的收益。

此外，在线学习平台的设计还应该关注学生参与度的提高。通过引入游戏化元素和奖励机制，研究者可以激发学生的学习兴趣，使学习过程更具吸引力。游戏化元素可以包括挑战关卡、积分制度等，通过设定目标和奖励，激发学生的学习动力，提高学习的积极性。

在设计互动性强的在线学习平台时，还需考虑技术支持和用户体验。平台的界面应该简洁直观，功能布局合理，以提高学生的使用体验。同时，需要确保平台的稳定性和安全性，以保障学生能够顺利进行在线学习，充分利用各项功能。

2.互动性的强化需要注重教师与学生之间的交流

互动性的强化在在线学习平台的设计中需要特别注重教师与学生之间的交流。教师在这一环境中的角色不仅仅是知识的传递者，更应成为学生学习的引导者和支持者。通过引入在线讨论、答疑互动等形式，教师能够更加及时地了解学生的学习需求，为他们提供更具个性化的指导和支持。

在互动性强化的过程中，双向的教师与学生之间的互动至关重要。通过在线讨论，教师可以促使学生在思考问题、解决问题的过程中形成更深层次的理解。教师还可以通过答疑互动的形式，解答学生在学习过程中遇到的困惑，及时纠正错误的理解，提供专业性的指导。这种教师与学生之间的密切互动有助于打破传统课堂的单向传递模式，使教学更具灵活性和针对性，更贴近学生的学习实际，从而提高学习效果。

在线讨论是一种促使学生主动参与、提出问题、交流思想的有效手段。通过合理设计和引导，教师可以借助在线讨论激发学生的思考和创造力，促使他们在学科知识的探讨中形成更为全面的理解。这种学生与学生之间、学生与教师之间的多元化互动有助于培养学生的批判性思维和团队协作能力。

教师还可以通过在线平台及时反馈学生的表现，鼓励他们的优点，指出不足，并提供个性化的建议。这种形式的反馈可以增强学生对学习的自信心，激发他们的学习动力。同时，教师的及时反馈也有助于调整教学策略，更好地满足学生的学习需求。

在强化互动性的过程中，教师的专业性和人文关怀同样重要。通过理解学生的学习特点和需求，教师能够更好地指导他们的学习方向。在在线学习平台上，教师更加注重个性化的辅导，因此需要更具教育情怀，关注每个学生的成长。

互动性的强化还可以通过引入虚拟现实（VR）和增强现实（AR）等技术来实现。这些技术能够提供更为沉浸式和更具真实感的学习体验，使学生能够在虚拟环境中更好地互动。例如，通过虚拟现实，学生可以参与到语言情境中，提高语言实际运用能力；通过增强现实，学生可以在实际场景中进行学科知识的应用和探索，增强学习的深度和广度。

二、教师培训与支持

（一）技术培训

1. 提升教师对混合式教学理念的理解和认知

提升教师对混合式教学理念的理解和认知是人工智能驱动的英语教学中至关重要的一环。教师在这一新兴教育模式中的角色不仅仅是知识的传递者，更应该成为整合在线学习和传统课堂教学的引领者。为了实现这一目标，教师需要深入理解混合式教学的理念和核心概念。

培训计划在这方面起着关键作用，应该包括对混合式教学模式的详细介绍。这包括深入解释混合式教学在英语教育中的应用，强调人工智能技术在教学中的关键作用。教师需要了解如何将在线学习与传统课堂教学相结合，以创造更富有活力和灵活性的学习体验。培训计划应该强调教师在这一过程中的角色变化，从传统的知识传授者转变为学生学习过程的引导者和支持者。

通过深入的培训，教师可以理解混合式教学如何更好地满足学生个性化学习的需求。这包括设计灵活的学习路径，利用人工智能技术提供个性化的学习资源，以及激发学生的学习兴趣。教师还需要学会利用在线学习平台进行有效的教学活动，包括在线讨论、小组合作等，以促进学生间的互动和合作。

在培训中，特别需要强调人工智能技术在混合式教学中的关键作用。教师需要了解如何利用人工智能驱动的工具和资源，为学生提供更具智能化、个性化的学习体验。这包括人工智能在学习内容推荐、作业批改、学习分析等方面的应用。培训计划还应该教授教师如何利用数据分析技术来评估学生的学习进展，从而更好地调整教学策略。

2. 深化教师对人工智能工具的应用技能

深化教师对人工智能工具的应用技能是培训计划中至关重要的一环。在人工智能驱动的英语教学中，教师需要掌握各种智能化工具，以更好地支持学生的个性化学习路径。因此，培训计划应着重提升教师在使用人工智能工具方面的技能。

首先，培训计划应该涵盖智能化教材的制作技能。教师需要学会如何有效地利用人工智能技术设计和制作符合学生需求的智能化教材。这包括了解智能教材的设计原理、选择合适的教学资源及利用人工智能技术进行内容个性化推荐。通过实际操作和案例分析，教师将能够熟练掌握智能化教材的制作技能，从而更好地满足学生的个性学习需求。

其次，培训计划还应覆盖在线学习平台的操作技能。教师需要了解如何有效地使用在线学习平台，包括课程管理、学生跟踪、在线评估等方面。这涉及对不同平台的熟悉和灵活运用，以确保教学活动的顺利进行。通过培训，教师将能够更加熟练地利用在线学习平台为学生提供更丰富、灵活的学习体验。

最后，培训计划还应该涉及数据分析工具的应用技能。在人工智能驱动的教学中，教师需要学会如何收集、分析学生的学习数据，以便更好地了解他们的学习进展和需求。培训计划可以包括数据分析工具的基础知识、数据解读的技能培养等方面，使教师能够更好地运用数据支持教学决策，优化教学过程。

3. 实践性培训和案例研究

实践性培训和案例研究是教师在人工智能驱动的英语教学中提升技能的重要手段。技术培训的重点应该放在实际应用上，通过实际教学案例和模拟情境，培养教师在实际教学中灵活运用人工智能技术的能力。

首先，实践性培训可以通过让教师参与实际项目来实现。教师可以在培训过程中参与设计和实施基于人工智能的英语教学活动，从而增加他们在技术应用方面的实际经验。这种参与实际项目的方式使教师能够更好地理解人工智能技术在教学中的具体应用，同时在实际操作中积累经验，提高技能水平。

其次，通过案例研究，教师可以更深入地了解人工智能在英语教育中的具体应用场景。培训计划可以提供真实的案例，涵盖从课程设计到教学活动的各个方面。通过分析这些案例，教师能够了解人工智能技术如何被成功地融入英语教学中，以及在不同情境下的应用效果。这有助于教师更有针对性地应用所学知识，解决实际教学中的问题。

（二）教学策略培训

1. 引导教师理解混合式教学中的新角色

引导教师理解混合式教学中的新角色是深化教学策略培训的关键方面。混合式教学的特点要求教师更加灵活地转变自己的角色，从传统的知识传递者转变为学生学习的引导者和支持者。因此，教学策略培训应该着重引导教师理解这一新角色，并培养其在混合式教学环境中更好地发挥作用的能力。

一是，培训计划应该详细介绍混合式教学中教师的新角色。教师需要了解在混合式教学环境中，他们不仅仅是知识的传递者，更应成为学生学习的引导者和支持者。通过深入分析混合式教学的理念和核心概念，教师能够更好地理解自己在教学中的新定位，为角色的转变奠定基础。

二是，培训计划应强调教师在混合式教学中的具体职责和任务。教师在这一新角色中需要具备更强的学生关怀和指导能力，鼓励学生主动学习，并提供个性化的支持。教师还需要学会更好地协调在线和线下学习环节，确保混合式教学的顺利进行。通过培训，教师将更加清晰地理解自己在混合式教学中的具体职责，为实际教学提供更有针对性的支持。

三是，培训计划应该注重培养教师在新角色中更好地发挥作用的能力。这包括培养教师的沟通技能、团队协作能力及学生关系管理能力。通过实际案例分析和模拟情境培训，教师将能够更好地应对混合式教学中的各种挑战，提高其在新角色中的教学效果。

2. 培养个性化教学策略

培养个性化教学策略是教学策略培训的关键目标。在人工智能驱动的英语教学中，个性化教学能够更好地满足学生个体差异、兴趣和学习风格，提高教学的针对性和实效性。因此，教学策略培训应该注重培养教师在个性化教学方面的能力。

首先，教学策略培训应详细介绍个性化教学的理念和核心概念。教师需要了解个性化教学是如何适应学生个体差异和需求的，以及在教学中如何灵活应用个性化策略。通过深入理解个性化教学的基本原则，教师将更好地把握个性化教学的方向和目标。

其次，培训计划应强调教师在设计学习路径时考虑学生的不同需求、兴趣和学习风格。通过对具体案例的分析和讨论，教师可以学习如何运用人工智能技术，利用智能化教材和在线学习平台，设计符合学生个性的教学方案。这有助于提高教师在实际操作中灵活运用个性化教学策略的能力。

最后，教学策略培训可以通过教师间的互动和合作，促进教师之间的经验分享和教学理念的交流。通过共同讨论个性化教学的实践经验和挑战，教师可以在培训中相互启发，不断提升自己的个性化教学水平。

3. 强化教师团队合作和共享经验

在混合式教学中，教师之间的合作和经验共享成为推动教学质量提升的关键因素。培训计划应该致力于强化教师团队合作和促进经验共享，以建立一个协同学习的教学环境。

首先，培训计划可以设计专门的团队合作模块，鼓励教师在课程设计和教学活动的规划中积极参与协作。通过团队合作，教师们可以共同思考课程目标、教学方法和学习资源的选择，从而提高整体课程的质量。此外，培训还可以通过模拟合作场景，让教师们在团队中扮演不同的角色，培养协同工作的技能。

其次，培训计划应该鼓励教师分享成功的经验和教训。通过建立一个开放的分享平台，教师可以分享他们在混合式教学实践中取得的成果，包括创新的教学方法、有效的技术应用和应对挑战的经验。这有助于避免教师在实践中重复犯错，提高整个团队的教学水平。

最后，培训还可以组织定期的团队研讨会或工作坊，让教师们有机会深入交流和讨论。这种互动交流的机制有助于促进教师之间的理念碰撞和相互启发，激发创新思维，从而推动混合式教学模式的不断优化。

第三节 对未来研究的展望

一、深入研究人工智能在教育中的更多应用领域

（一）情感计算与教学

1. 深入研究情感计算技术的原理与应用

在人工智能驱动的教育领域，情感计算技术作为一门新兴领域，展现出在捕捉和响应学生情感方面的巨大潜在应用价值。通过深入研究情感计算技术的原理，涵盖面部表情识别、语音情感分析等关键技术，我们能够更全面地理解其在教学中的应用潜力，为实现更人性化的教育体验奠定技术基础。

情感计算技术的原理包括多个方面，其中面部表情识别是一项关键技术。通过分析学生的面部表情，系统可以推断出他们的情感状态，例如高兴、沮丧、困惑等。这种技术有助于教师更好地了解学生在学习过程中的情感变化，从而及时调整教学策略，提供更个性化的教育支持。

另一个重要的原理是语音情感分析，通过分析学生的语音特征，系统可以推断出他们的情感倾向。这对于语言教育尤为重要，因为学生的语音表达往往反映出他们对学习内容的理解和情感反应。通过实时监测学生的语言情感，教师可以更有针对性地进行教学引导，满足学生个性化的学习需求。

深入研究情感计算技术的应用潜力对于实现更人性化的教育体验至关重要。通过将这一技术融入教学过程，我们可以更精准地了解学生的学习状态和情感状态，从而更好地个性化教学内容和方式。这种技术的应用不仅能够提高教学的效果，也为教育领域带来了更多创新的可能性。

2. 开展学生情感数据的采集与分析研究

在教育领域，学生的情感状态对于学习效果具有重要的影响。因此，我们需

要开展学生情感数据的采集与分析研究，以深入了解学生的情感变化，并探讨情感计算技术在实际教学中的应用。通过进行实证研究，我们可以为个性化教学和情感智能教育提供数据支持。

学生情感数据的采集是研究的关键一步。我们可以通过多种方式获取学生的情感信息，其中包括但不限于面部表情识别、语音情感分析、实时问卷调查等方法。这些数据源可以为研究提供多样性的情感信息，从而更全面地了解学生在不同学科和教学场景下的情感体验。

一方面，我们可以利用面部表情识别技术来捕捉学生在学习过程中的表情变化。通过分析面部表情，研究者可以推断学生的情感状态，例如喜悦、困惑、沮丧等，为教师提供更全面的学生反馈。

另一方面，语音情感分析也是获取情感数据的重要手段。通过分析学生的语音特征，研究者可以推断其情感倾向。这种方式可以帮助教师更好地理解学生在学习中的情感体验。

在数据采集的基础上，进行情感数据的分析也是至关重要的。通过运用数据分析工具和技术，研究者可以识别出学生在不同学科和教学场景中的情感变化趋势，进而为制定个性化教学策略提供科学依据。这种分析不仅有助于理解学生的学习状态，还为教育者提供了改善教学方法的线索。

3.设计情感响应系统与实践教学

深入研究情感计算技术为设计情感响应系统提供了有力支持。通过充分了解情感计算技术的原理，我们可以设计并实施具有情感响应功能的教学系统，以更好地满足学生的个性化需求。这种系统具有智能化的特点，能够根据学生的情感状态动态调整教学内容、节奏和难度，提供更具针对性和个性化的教育服务。

在这一系统中，情感响应的关键在于对学生情感状态的准确感知和理解。通过面部表情识别、语音情感分析等先进技术，系统可以实时捕捉学生的情感反馈。这些信息被用来调整教学策略，使教学过程更符合学生当前的学习状态和情感需求。

实践教学是验证情感响应系统有效性的关键环节。在实际的教学场景中，系统可以通过监测学生的情感变化来动态调整教学内容。例如，在学生表现出兴奋和积极的情感时，系统可以提供更具挑战性和创造性的学习任务，以激发其学习兴趣。相反，当学生表现出困惑或沮丧时，系统可以调整为更具支持性和引导性的教学模式，帮助学生克服困难。

（二）虚拟现实与学习

1.深入研究虚拟现实技术的基本原理与应用

虚拟现实技术作为一种沉浸式的学习工具，对语言学习中的潜在效果具有重要意义。深入研究虚拟现实技术的基本原理，包括头显设备、手部追踪技术等关键技术，可以更好地理解其在语言学习中的应用潜力。通过对虚拟现实技术的深入了解，研究者可以为模拟语境的创造和学生沉浸式体验的研究提供技术支持。

2.探索虚拟现实在语言学习中的具体应用场景

研究应该进一步探索虚拟现实技术在语言学习中的具体应用场景，包括但不限于模拟实际语境、创造语言环境等。通过设计实验和开展实地研究，研究者深入了解虚拟现实在提高学生语言实际运用能力、增强学习体验等方面的实际效果。这可以为未来虚拟现实在语言学习领域的更广泛应用提供实践经验。

3.开发虚拟现实学习环境与评估效果

深入研究虚拟现实技术的应用不仅包括技术本身，研究者还需要关注虚拟现实学习环境的设计和开发。通过开发虚拟现实学习环境，研究者可以提供更丰富的语言学习体验。在此基础上，进行效果评估，深入了解虚拟现实在提升学生语言学习效果方面的潜在价值。

二、探索新型教学模式的发展方向

（一）区块链技术与学习认证

1.区块链技术在学习过程追踪中的应用

随着在线学习的普及，学生学习活动的追踪和认证变得日益重要。区块链技术具有去中心化、不可篡改的特性，可以被应用于学生学习过程的追踪。深入研究区块链如何记录学生在线学习过程中的活动，包括课程参与、作业完成、在线讨论等，以确保学习过程的透明度和可追溯性。这有助于学校、雇主等更加准确地了解学生的学习历程，提高学习成果的可信度。

2.学生学习成果的区块链认证

除了学习过程的追踪，区块链技术还可以用于学生学习成果的认证。传统的学位和证书往往难以验证，而基于区块链的认证系统可以确保学生的学业成果被安全地存储和验证。研究应该关注如何设计和实施基于区块链的学生学业认证系统，以提高学位和证书的真实性和可信度。

3.解决隐私和安全问题

区块链技术在学习认证中的应用面临一系列隐私和安全问题。研究应该重点探索如何通过区块链的加密和隐私保护机制，确保学生个人信息的安全性，并提出相应的法规和伦理框架。这有助于促使教育机构和学生更加愿意接受基于区块链的学习认证系统。

（二）跨学科整合教学

1.推动不同学科领域的协同

跨学科整合教学旨在打破传统学科之间的壁垒，促使学生在多学科的整合中培养更全面的综合能力。研究应该深入探讨如何推动不同学科领域的协同，设计课程和教学活动，使学生能够在不同学科中获得更丰富的知识和技能。这有助于培养学生的综合思维和解决问题的能力，更好地适应未来社会的复杂性。

2.开发跨学科整合的教材和资源

成功实施跨学科整合教学需要有针对性的教材和资源。研究应该关注如何开发符合跨学科整合教学需求的教材，整合不同学科的知识，提供具有挑战性和启发性的学习体验。这将促进跨学科整合教学的深入发展，为学生提供更为丰富的学科学习体验。

3.评估跨学科整合教学的效果

跨学科整合教学的实施需要对其效果进行全面评估。研究应该设计有效的评估工具和方法，从学生知识、技能、创造力等多个层面评价跨学科整合教学的成效。这有助于更全面地了解这一教学模式对学生学业发展的影响，为教育决策提供科学依据。

参考文献

[1] 侯艳春.基于翻转课堂的高校英语混合式教学模式研究 [J].教育教学论坛，2022（33）：141-144.

[2] 李莹.基于翻转课堂的大学英语混合式教学模式研究 [J].辽宁工业大学学报：社会科学版，2016，18（6）：4-5.

[3] 栗斐.基于翻转课堂的大学英语混合式教学模式研究 [J].校园英语，2017（44）：2-3.

[4] 徐宁瑜.基于翻转课堂的大学英语混合式教学模式研究 [J].海外英语，2018（14）：3-4.

[5] 杨贝艺.基于翻转课堂的高职大学英语混合式教学模式研究 [J].亚太教育，2016（16）：2-3.

[6] 秦君婵.《大学英语教学指南》指导下的大学英语跨文化交际教学模式构建研究 [J].才智，2022（5）：92-95.

[7] 汪世纪.基于雨课堂的外语智慧课堂实证研究 [J].校园英语，2021（49）：28-29.

[8] 何花，吴平英.翻转课堂在英语教学中的反思 [J].中学生英语，2022（12）：135.

[9] 朱恒华，于蕾.基于翻转课堂的大学英语写作教学 [J].海外英语，2020（20）：178-179.

[10] 李燕.高校英语课堂教学的学习模式研究 [J].课程教育研究，2020（40）：61-62.

[11] 李思.基于"人工智能＋教育"的大学英语移动学习模式分析 [J].海外英语，2021（11）：149-150.

[12] 李阳茜.探究主流词汇 App 的单词记忆法：以百词斩、知米背单词、墨墨背单词为例 [J].科教文汇，2019（1）：175-176.

[13] 李琳，冯诗涵."互联网＋"背景下英语学习类 App 记忆模式研究 [J].海外英语，2019（2）：129-130.

[14] 王娜.人工智能技术在大学英语教学中的应用研究 [J].轻合金加工技术, 2020, 48 (8): 72-73.

[15] 张艳璐.人工智能促进大学英语教学变革研究 [J].教育现代化, 2019, 6 (55): 130-131.

[16] 刘洋.基于人工智能技术的高校英语教学系统的构建 [J].英语广场, 2019 (10): 80-81.

[17] 刘琳莉.大数据背景下人工智能技术在大学英语教学中的应用 [J].文化创新比较研究, 2021, 5 (2): 91-93.

[18] 明净.人工智能在大学英语教学中的应用研究 [J].现代交际, 2021 (5): 216-219.

[19] 宁亚楠, 杨得成, 邹雨.人工智能技术在高校智慧校园中的应用 [J].黑河学院学报, 2021, 12 (7): 52-53.

[20] 高秀琴.试论人工智能教育产品对高校英语教学的影响 [J].海外英语, 2021 (11): 111-112.

[21] 邹斌, 汪明洁.人工智能技术与英语教学:现状与展望 [J].外国语文, 2021, 37 (3): 124-130.

附　录

附录一　学科兴趣调查问卷

尊敬的学生：

感谢您参与我们的学科兴趣调查，以帮助我们建立个性化的学科偏好分析系统。请您诚实回答以下问题，并在适当的地方提供您的详细回答。您的意见对我们的系统改进至关重要。

1.个人信息：

（1）姓名：＿＿＿＿＿＿＿＿＿＿＿＿＿＿

（2）年级：＿＿＿＿＿＿＿＿＿＿＿＿＿＿

（3）性别：（　）男（　）女

2.学科兴趣调查：

（1）在以下英语学科领域中，请您标记您的兴趣程度（1表示不感兴趣，5表示非常感兴趣）：

①阅读文学作品（　）

②学习语法规则（　）

③参与口语交流（　）

④写作与创作（　）

⑤英语电影与音乐（　）

（2）请列举您最喜欢的英语学科内容类型，例如诗歌、小说、语法规则等，并简要说明为什么喜欢。

＿＿＿＿＿＿＿＿＿＿＿＿＿＿＿＿＿＿＿＿＿＿＿＿＿＿＿＿＿＿＿＿＿

＿＿＿＿＿＿＿＿＿＿＿＿＿＿＿＿＿＿＿＿＿＿＿＿＿＿＿＿＿＿＿＿＿

＿＿＿＿＿＿＿＿＿＿＿＿＿＿＿＿＿＿＿＿＿＿＿＿＿＿＿＿＿＿＿＿＿

＿＿＿＿＿＿＿＿＿＿＿＿＿＿＿

（3）对于您不太喜欢的英语学科内容类型，是否能提出改进建议或希望有哪些方面的支持？

_____

_____

_____

_____

附录二　学科兴趣调查面谈指南

尊敬的学生：

感谢您参与我们的学科兴趣调查面谈。通过您的深入分享，我们将更好地了解学生在英语学科中的兴趣和相关因素。请您在面谈中真诚回答以下问题，以帮助我们建立更精准的个性化学科偏好分析系统。

1.个人信息：

姓名：_____

年级：_____

性别：（　）男（　）女

2.面谈问题：

（1）您对英语学科的整体兴趣如何？有没有特别吸引您的方面？

_____

_____

_____

（2）在阅读文学作品方面，您更喜欢哪些类型的作品？是否有特定的作者或题材让您感兴趣？

_____

_____

_____

（3）学习语法规则对您来说是一种怎样的体验？是否有一些学习语法的方法对您效果更好？

＿＿＿＿＿＿＿＿＿＿＿＿＿＿＿＿＿＿＿＿＿＿＿＿＿＿＿＿＿＿＿＿＿＿

＿＿＿＿＿＿＿＿＿＿＿＿＿＿＿＿＿＿＿＿＿＿＿＿＿＿＿＿＿＿＿＿＿＿

＿＿＿＿＿＿＿＿＿＿＿＿＿＿＿＿＿＿＿＿＿＿＿＿＿＿＿＿＿＿＿＿＿＿

＿＿＿＿＿＿＿＿＿＿＿＿

（4）在口语交流中，您是否感到自己有欠缺或存在有待提高的地方？有没有特定的口语活动或场景让您感到更有兴趣？

＿＿＿＿＿＿＿＿＿＿＿＿＿＿＿＿＿＿＿＿＿＿＿＿＿＿＿＿＿＿＿＿＿＿

＿＿＿＿＿＿＿＿＿＿＿＿＿＿＿＿＿＿＿＿＿＿＿＿＿＿＿＿＿＿＿＿＿＿

＿＿＿＿＿＿＿＿＿＿＿＿＿＿＿＿＿＿＿＿＿＿＿＿＿＿＿＿＿＿＿＿＿＿

＿＿＿＿＿＿＿＿＿＿＿＿

（5）对于写作与创作，您有没有喜欢的写作风格或主题？是否在写作过程中遇到过什么困难？

＿＿＿＿＿＿＿＿＿＿＿＿＿＿＿＿＿＿＿＿＿＿＿＿＿＿＿＿＿＿＿＿＿＿

＿＿＿＿＿＿＿＿＿＿＿＿＿＿＿＿＿＿＿＿＿＿＿＿＿＿＿＿＿＿＿＿＿＿

＿＿＿＿＿＿＿＿＿＿＿＿＿＿＿＿＿＿＿＿＿＿＿＿＿＿＿＿＿＿＿＿＿＿

＿＿＿＿＿＿＿＿＿＿＿＿

（6）您在英语电影与音乐方面有哪些喜好？是否认为这些媒体对您的英语学习产生了影响？

＿＿＿＿＿＿＿＿＿＿＿＿＿＿＿＿＿＿＿＿＿＿＿＿＿＿＿＿＿＿＿＿＿＿

＿＿＿＿＿＿＿＿＿＿＿＿＿＿＿＿＿＿＿＿＿＿＿＿＿＿＿＿＿＿＿＿＿＿

＿＿＿＿＿＿＿＿＿＿＿＿＿＿＿＿＿＿＿＿＿＿＿＿＿＿＿＿＿＿＿＿＿＿

＿＿＿＿＿＿＿＿＿＿＿＿

（7）在您的英语学习中，是否有什么特别让您困扰或有挑战性的地方？什么样的支持或帮助对您最有益？

＿＿＿＿＿＿＿＿＿＿＿＿＿＿＿＿＿＿＿＿＿＿＿＿＿＿＿＿＿＿＿＿＿＿

＿＿＿＿＿＿＿＿＿＿＿＿＿＿＿＿＿＿＿＿＿＿＿＿＿＿＿＿＿＿＿＿＿＿

＿＿＿＿＿＿＿＿＿＿＿＿＿＿＿＿＿＿＿＿＿＿＿＿＿＿＿＿＿＿＿＿＿＿

＿＿＿＿＿＿＿＿＿＿＿＿

（8）除了学校课堂教学外，您是否尝试过其他学习英语的方式，例如在线课程、学习应用等？对您的学习有何影响？

＿＿＿＿＿＿＿＿＿＿＿＿＿＿＿＿＿＿＿＿＿＿＿＿＿＿＿＿＿＿＿＿＿＿

＿＿＿＿＿＿＿＿＿＿＿＿＿＿＿＿＿＿＿＿＿＿＿＿＿＿＿＿＿＿＿＿＿＿

非常感谢您的分享和配合！您的意见对我们更好地理解学生的学科兴趣和需求至关重要。我们将根据您的反馈不断优化我们的个性化学科偏好分析系统，以更好地支持您的学习。